POSSE叢書
005

教育現場における「定額働かせ放題」の終焉

――生徒と教師を救う実践と構造認識

今野晴貴・内田 良［著］

はじめに

内田良

私立校の影に光を当てる

学校教育のあり方をめぐる話題になると、いつも公立校ばかりがとりあげられる。それもそのはず、この社会の大多数の人たちが公立校に通った経験をもち、国の施策の影響を直接に受けるのも公立校だからだ。

一方で、部活動の全国大会や、難関大学の進学実績など、学校教育の華々しさが語られるとき、そこにはいつも私立校の名前が並んでいる。部活動の大会とは私立校限定の大会であるかのような、そして難関大学に入学するには私立校の卒業歴が資格要件であるかのような錯覚に陥るほどだ。

高校でいうと、二〇二四年度時点において全国の高校四七七四校のうち私立校は一三二一校で、全体の二七・七%を占めている。二〇年前の二〇〇三年度時点では、全体が五四五〇校で、そのうち私立校が一三一八校（二四・二%）であったことを踏まえると、国公立（とくに公立）で高校の学校数が大幅に減少しているものの私立校は二〇年間にわたって学校数を維持している（全国における私立校のシェアについては後述）。

学校教育における私立校の存在感は増大する一方であり、私立校を抜きに学校教育は語れない状況になっている。日本社会の教育活動の実態を追うために、また日本の教育の未来を占うためにも、私立校の動向を無視することはできない。

本書は、その「私立校」に着目する。

ただし、本書が描き出すのは、私立校の光の部分ではなく、その影の部分である。とりわけここ数年、学校教育の最重要課題に位置づけられている、教員の長時間労働の問題に注目する。

私立学校法は、第一条で法の目的を「私立学校の特性にかんがみ、その自主性を重んじ、公共性を高めることによって、私立学校の健全な発達を図ること」と定めている。まずもって、私立校はその自主的な教育活動が尊重される。建学の精神や長くつづく校風が重視され、国や自治体からのさまざまな制約が及びにくい。

自主性の尊重は、私立校のみならず学校教育のあり方を模索するうえで、基軸とすべき指針である。

しかし、ルールなき自主性は、暴走を招く。

教員の長時間労働の問題に引き寄せて考えてみよう。管理職が教員の労働時間をいっさいカウントしなければ、もはやそこでは「長時間」であることさえわからない。そして残念ながら、私立校では労働時間がまったくと言っていいほど管理されてこなかった。

心身ともに疲弊しながら働きつづけたとしても、その時間数がわからない。それをもって自主性の尊重と呼ぶわけにはいかない。自主性に隠された私立校の闇を可視化しなければならない。

まねるな、危険

一方で、公立校に目を転じると、その労働時間管理もまたきわめて杜撰でありつづけた。その背景には、「公立の義務教育諸学校等の教育職員の給与等に関する特別措置法」いわゆる「給特法」がある。

給特法は一九七一年に「国立及び公立の義務教育諸学校等の教育職員の給与等に関する

特別措置法」として定められた。その後、二〇〇四年に国立大学が非公務員型の独立行政法人に移行されたことで、国立大学の附属校が給特法の該当外とされ、二〇〇四年に現行の公立校に限定された法律となった。

給特法は、「公立の義務教育諸学校等の教育職員の職務と勤務態様の特殊性」（第一条）を根拠として、公立校の教員に次のような給与体系を設けている。すなわち公立校教員には月給の四％分に相当する「教職調整額」を支給する代わりに、「時間外勤務手当及び休日勤務手当は、支給しない」（第三条）。月給にプラスで四％分をもらえるものの、定時を超えた業務については、残業代が支払われることはないというのだ。公立校の教員は、弁護士の佐々木亮さんが言う「定額働かせ放題」の法律のもと、長時間労働を強いられている。

ここで問題なのは、私立校がこの給特法と同じような運用を、長年にわたってつづけてきたことだ。

私立校の教員は、民間企業と同じように、定時外の勤務を含め、労働基準法のもとに置かれている。ところがその実態は、給特法の真似事であった。多くの私立校で給特法に固有の「教職調整額」という名称をそっくりそのまま転用し、月給の四％程度の金額を上乗せして支払うことで、残業代をなきものとしてきた。労基法からすると、明らかな法律違反であるが、公立校の真似事をしながら、違法状態が放置されてきた。

国公私立を問わず、教育界全体がルールなき長時間労働を是としてきた。だが重要なことは、残業代の不払いは、私立校では明らかな法律違反だということだ。給特法のもと、公立校では残念ながら、残業代の不払いは合法である。私立校は、そうはいかない。公立校の真似事は、法律違反である。

国公私立の教員が闘うために

本書には、二つの目的がある。

一つが、私立校の教員が闘うためである。

先に本書は、私立校の影の部分に注目すると述べた。しかしながら、私立校の働き方は地獄のただなかにあるものの、公立校に比べれば救いようのある地獄である。なぜなら私立校は、法律で闘うことができるからだ。それは、立場が劣位に置かれる非正規教員であっても、同様だ。正規教員も非正規教員も、等しく法律が闘いの道を切り開いてくれる。私立校の働き方に焦点を絞る本書は、手前味噌ながら希望の書であると言える。

本書のもう一つの目的は、公立校にも希望を見出すためである。

私立校では違法とされる働き方が、公立校では合法とされている。目下のところ、公立校の状況は、救いようのない地獄だ。それでも、私立校で闘えるなら、公立校でも闘おう。たしかに残業代の不払いは、公立校では給特法のもと合法とされている。だが法律で闘えないなら、法律を変えていこうではないか。現行の法律がすべてではない。私たちには、法律を変える力が宿っているはずだ

各章に入る前に、読者の皆さんにお伝えしておきたいことがある。それは、学校の働き方改革はいま始まったばかりだということだ。

労務管理に気を張ってきた民間企業の管理職からすれば、国公私立を問わず総じて学校の労働の実態は、「ありえない」「信じられない」ものである。だが、時間管理をはじめ学校の働き方改革は、その基礎の基礎がいまようやく開始されたところである。

ハナ肇とクレージーキャッツの曲「サラリーマンどんと節」が一世を風靡したのは一九六一年のことであった。「サラリーマンは気楽な稼業ときたもんだ」との冒頭の歌詞は、こう続く。「二日酔いでも寝ぼけていてもタイムレコーダー、ガチャンと押せばどうにか格好がつくものさ」（注1）

タイムレコーダーによる勤怠管理は、一九六〇年代には普及していた。ところが、学校

はつい最近まで、時間管理とは無縁の職場であった。民間企業からは半世紀以上の遅れをとって、いまようやく、時間管理の重要性が自覚され始めている。「ありえない」「信じられない」と切り捨てるのではなく、教育現場にいかに時間管理の文化を根づかせるのか、いっしょになって考えてほしいと思う。

本書の構成

本書の構成は次のとおりである。

第1章「「定額働かせ放題」の教育現場——公立校の給特法から考える」では、公立校の「給特法」に注目する。公立校だから私立校には関係ないと思われるかもしれない。だが私立校が長年にわたって公立校のまねごとをしてきたことが重要なポイントである。第2章「ルールなき学校教育の顛末——公立と私立の現実をデータから読み解く」では、具体的なエビデンス（科学的根拠）をもとに、公立と私立の長時間労働の実態と課題を明らかにする。私立校教員の労働の現況は

注1
『月刊総務』2008年8月号

ほとんど知られていないだけに、重要な情報が盛りだくさんである。

第3章「私立校の賃金と労働時間の問題」では、私立校の具体的な事例に踏み込んでいく。私立校がいかに公立校の給特法に準じて、長時間労働と賃金不払いを正当化してきたかが見えてくる。第4章「私立校教員の部活動問題・パワーハラスメント」では、一つに部活動指導の負荷に注目する。私立校は部活動の成果が経営を成り立たせている側面があるだけに教員の苦悩が見えにくい。そうしたなか、部活動指導の任意性を認めさせた画期的な事例が紹介される。もう一つ、パワーハラスメントについては、公立校が教育委員会という学校外の組織による対応が期待される一方、私立校は運営の閉鎖性や私的性格から学校内に隠蔽されていく危険性がある。第5章「私立校の非正規教員問題」では、私立校教員の約4割を占める非正規教員の労働に着目する。弱者の立場に置かれた常勤講師や非常勤講師の、果敢な闘いの記録である。

第6章は「労働法でこう闘える」では、第3章から第5章で言及した私立校の闘いの礎を明らかにする。それは、法律と組合を活用して闘うための、私立校教員の待遇改善マニュアルとも言える。実際に待遇改善を勝ち得た事例も取り上げながら、希望を育んでいきたい。第7章「これからどうなる?——変形労働ＩＣＴ」では、私立校と公立校をめぐる新しい教育・労働課題に注目する。長時間労働を受けて、私立校・公立校を問わず導入されている変形労働時間制の陥穽を指摘する。その他に、ＩＣＴ教育がもたらす労働問題、教員の助けとなるはずのスクールカウンセラーの解雇、公立校の最新の教員勤務実態調査が示す長時間労働の実態など、新しいトピックを取り上げた。

以上が、本書の構成である。

広く知られる公立校の現状を起点としながら、具体的な事例、統計的なデータ、法的な観点を用いて、私立校の働き方の全体像とこれからの希望を、私たちなりに綴ってみた。学校の働き方改革は、まだ緒についたばかりである。本書が、知識と経験の共有の第一歩となることを願う。学校の働き方改革、その伸びしろは大きい。

全国に私立校はどれくらいある？

基礎知識として日本全体における私立校のシェアを把握しておこう。

二〇二四年五月一日時点の、全国における学校設置者別、すなわち国公私立別の学校数と児童生徒数ならびにその割合を、学校基本調査のデータより算出した。ここでは、義務教育学校（注2）と中等教育学校（注3）はまだ学校数が少ないため、従来の小学校・中学校・高校の数値を説明する。

小学校では学校数も児童生徒数も、私立校は一・三％とごくわずかである。それが中学校では約一割、高校では約三割と、学校段階があがるにつれて私立校のシェアが高まっている。高校の生徒数でいうと私立校は三四・七％に達しており、全国の高校生の三人に一人は私立校に通っている。

一口に私立校のシェアとは言っても、都道府県によってその割合は大きく異なる。同じく学校基本調査を用いて、高校に関して都道府県別に国公私立の学校数とその割合を算出した。

一見して明らかなように、東京都の割合が突出して高い。国立と公立を合わせた一九二校よりも多く、私立は二三七校で五五・二％を占める。東京都では私立校こそが多数派である。

東京都につづくのは、京都府、大阪府、福岡県、神奈川県である。東京都ほど割合が高いわけではないが、私立校が三〜四割を占めている。これらの地域においても、私立高校への進学は、ごくありふれた選択肢になっている。

なお小学校と中学校の学校数についていうと、私立校の割合はやはり東京都がもっとも

		学校数		児童生徒数	
小学校	国立	67	0.36%	35,391	0.60%
	公立	18,506	98.32%	5,826,352	98.06%
	私立	249	1.32%	79,990	1.35%
	計	18,822	100.00%	5,941,733	100.00%
中学校	国立	68	0.69%	26,846	0.85%
	公立	9,033	91.41%	2,866,304	91.25%
	私立	781	7.90%	247,982	7.89%
	計	9,882	100.00%	3,141,132	100.00%
高等学校	国立	5	2.10%	3,750	4.70%
	公立	232	97.48%	75,828	95.01%
	私立	1	0.42%	233	0.29%
	計	238	100.00%	79,811	100.00%
義務教育学校	国立	15	0.31%	8,036	0.28%
	公立	3,438	72.02%	1,891,020	65.05%
	私立	1,321	27.67%	1,007,865	34.67%
	計	4,774	100.00%	2,906,921	100.00%
	国立	4	6.78%	2,862	8.29%
中等教育学校	公立	35	59.32%	23,853	69.11%
	私立	20	33.90%	7,799	22.60%
	計	59	100.00%	34,514	100.00%

図表0-1　全国における国公私立の学校数と児童生徒数
出典：文部科学省「学校基本調査」2024年度

高い。国公私立の学校数における私立校の割合は、小学校が四・二%、中学校は二三・四%である。

本書では、都市圏を中心にさまざまな地域の学校の事例が登場する。学校設置者別、学校段階別、あるいは都道府県別にみた学校数などの情報

注2
小学校から中学校までの義務教育を一貫しておこなう学校で、二〇一六年に新たに制度化された。

注3
中学校から高校までの教育を一貫しておこなう学校で、一九九八年に新たに制度化された。

を、各事例の読解の参考にしてほしい。

	国立		公立		私立		計
北海道	—	0.00%	220	81.18%	51	18.82%	271
青森県	—	0.00%	46	73.02%	17	26.98%	63
岩手県	—	0.00%	63	82.89%	13	17.11%	76
宮城県	—	0.00%	74	79.57%	19	20.43%	93
秋田県	—	0.00%	43	89.58%	5	10.42%	48
山形県	—	0.00%	42	75.00%	14	25.00%	56
福島県	—	0.00%	77	81.05%	18	18.95%	95
茨城県	—	0.00%	93	79.49%	24	20.51%	117
栃木県	—	0.00%	60	80.00%	15	20.00%	75
群馬県	—	0.00%	64	83.12%	13	16.88%	77
埼玉県	1	0.52%	142	74.35%	48	25.13%	191
千葉県	—	0.00%	127	70.17%	54	29.83%	181
東京都	6	1.40%	186	43.36%	237	55.24%	429
神奈川県	—	0.00%	148	65.20%	79	34.80%	227
新潟県	—	0.00%	82	83.67%	16	16.33%	98
富山県	—	0.00%	37	78.72%	10	21.28%	47
石川県	1	1.79%	45	80.36%	10	17.86%	56
福井県	—	0.00%	25	78.13%	7	21.88%	32
山梨県	—	0.00%	29	72.50%	11	27.50%	40
長野県	—	0.00%	79	82.29%	17	17.71%	96
岐阜県	—	0.00%	66	80.49%	16	19.51%	82
静岡県	—	0.00%	89	67.42%	43	32.58%	132
愛知県	2	0.91%	163	74.09%	55	25.00%	220
三重県	—	0.00%	56	81.16%	13	18.84%	69
滋賀県	—	0.00%	45	81.82%	10	18.18%	55
京都府	1	1.03%	56	57.73%	40	41.24%	97
大阪府	1	0.40%	153	61.69%	94	37.90%	248
兵庫県	—	0.00%	153	74.63%	52	25.37%	205
奈良県	—	0.00%	33	68.75%	15	31.25%	48
和歌山県	—	0.00%	33	78.57%	9	21.43%	42
鳥取県	—	0.00%	24	75.00%	8	25.00%	32
島根県	—	0.00%	36	78.26%	10	21.74%	46
岡山県	—	0.00%	63	73.26%	23	26.74%	86
広島県	2	1.60%	88	70.40%	35	28.00%	125
山口県	—	0.00%	48	70.59%	20	29.41%	68
徳島県	—	0.00%	28	90.32%	3	9.68%	31
香川県	—	0.00%	30	75.00%	10	25.00%	40
愛媛県	1	1.82%	44	80.00%	10	18.18%	55
高知県	—	0.00%	32	78.05%	9	21.95%	41
福岡県	—	0.00%	103	63.58%	59	36.42%	162
佐賀県	—	0.00%	32	78.05%	9	21.95%	41
長崎県	—	0.00%	57	72.15%	22	27.85%	79
熊本県	—	0.00%	49	70.00%	21	30.00%	70
大分県	—	0.00%	39	73.58%	14	26.42%	53
宮崎県	—	0.00%	36	72.00%	14	28.00%	50
鹿児島県	—	0.00%	68	76.40%	21	23.60%	89
沖縄県	—	0.00%	59	90.77%	6	9.23%	65
計	15	0.32%	3,365	71.61%	1,319	28.07%	4,699

図表0-2　都道府県別にみた国公私立の学校数

出典：文部科学省「学校基本調査」

第1章

「定額働かせ放題」の教育現場
——公立校の給特法から考える

内田良

違法状態のまねごと

私立校教員の残業代訴訟が相次いでいる。二〇二三年一〇月、島根県松江市にある松江西高等学校の教員一〇名が、学校を相手取り、未払い残業代五〇〇〇万円の支払いを求めて松江地裁に提訴した。

同校では、基本給の四%にあたる「教員特別手当」が支払われてきた。原告によると、「教員特別手当」を上回って働いた場合には、時間外手当が支給されることになっていたが、それが未払いであった。また、部活動の指導では「部活動手当」の支給規定があったが、平日は支給されず、休日も月額で上限二万円であったという(注1)。

二〇二三年八月には、兵庫県西宮市にある神戸女学院中学部・高等学部の元教員二名が、学校に対して、未払い分の残業代を求める訴訟を神戸地裁尼崎支部に起こした。

原告によると、同校では月給の五%にあたる「教職調整額」と、教員会議など一部の業務のみに残業代が、支払われてきた。原告二名は、担任や部活動顧問を務め、生徒の進路相談を受けたり、保護者からの苦情に応じたりと、長時間労働が常態化していたが、残業代が支払われることはなかった。未払い残業代は、二〇二〇年四月から二〇二三年三月まで約一四〇〇万円にのぼるという（注2）。

ところで「はじめに」でも説明したとおり、公立校の教員においては、月給の四％分に相当する「教職調整額」が月給に上乗せされる一方で、残業代は支払われない。公立校の教員に適用される給特法では、ごく一部の業務を除き、時間外労働を命じることができない建前になっているからだ。ただ実際のところは膨大な業務があるため、公立校教員は「定額働かせ放題」の状況で働いている。

このこと自体が大きな問題であるが、ひとまずそれは置いておこう。なぜなら、現行の給特法では、公立校教員の残業代不払いは合法とみなされているからである。ところが、私立校はそうはいかない。私立校（や国立校）に給特法は適用されず、民間企業と同様に全面的に労働基準法が適用される。

そうであればなおのこと、先の二つの事例に目を向けると、不思議なことに気づかされる。すなわち両事例とも、残業代が支払われていないだけでなく、月給あるいは基本給の数％分が給料に上乗せされているのだ。

松江西高校の事案では、「四％」が「教員特別手当」として、神戸女学院中高の事案では、「五％」がその名も「教職調整額」

注1
「残業代未払いで学校法人を提訴 松江西高教員10名」『読売新聞』2023年10月26日、大阪版

注2
「元教員、残業代求め提訴へ 法人に1400万円 神戸女学院中高の２人」『神戸新聞』2023年８月１日

として、上乗せ支給されてきた。給特法にそっくりの賃金体系である。

しかも、松江西高校の事案では休日の「部活動手当」が存在し、上限が二万円である。公立校においても、休日に限っては部活動指導に手当が支払われ、自治体により異なるが一般的に一回四時間以上の指導で三〇〇〇円程度である。

神戸女学院中高の事案では、教員会議など一部の業務に限定して残業代が存在した。公立校では、基本的に時間外労働は命じられないことになっているが、臨時または緊急の場合のいわゆる「超勤四項目」に限っては、時間外労働が命じられうる（ただし残業代は支払われない）。その四項目とは、職員会議（＝教員会議）と、校外実習などの実習、修学旅行などの学校行事、非常災害である。

給特法の特異性①——公立校の業務は「特殊」である

公立校と私立校では、適用される法律は異なるはずなのに、残業をめぐってその賃金体系は驚くほどに似通っている。ただし、くり返しておこう。残業代の未払いは、給特法のもとでは合法とされてきたが、労基法のもとでは違法である。

給特法は、「公立の義務教育諸学校等の教育職員の職務と勤務態様の特殊性に基づき、その給与その他の勤務条件について特例を定めるもの」（第一条）として、一九七一年五月に制定、一九七二年一月に施行された。正確には、制定当時は国立大学の附属校を含めて、「国立及び公立の義務教育諸学校等の教育職員の給与等に関する特別措置法」（傍点は筆者）との名称で、同法は公立校にくわえて、国立大学の附属校を含んでいた。二〇〇四年の国立大学の独立行政法人化にともない、国立校は私立校と同じ法的地位を有するようになったことから、現行のとおり公立校のみに適用されるように変更された。

ここで給特法の労働法上の特性を、条文とともにいくつかあげたい。

［給特法の主要な条文］

（趣旨）

第一条　この法律は、公立の義務教育諸学校等の教育職員の職務と勤務態様の特殊性に基づき、その給与その他の勤務条件について特例を定めるものとする。

（教育職員の教職調整額の支給等）

第三条　教育職員（校長、副校長及び教頭を除く。以下この条において同じ。）には、その者の給料月額の百分の四に相当する額を基準として、条例で定めるところにより、教職調整額を支給しなければならない。
2　教育職員については、時間外勤務手当及び休日勤務手当は、支給しない。

（教育職員の正規の勤務時間を超える勤務等）
第六条　教育職員（管理職手当を受ける者を除く。以下この条において同じ。）を正規の勤務時間（一般職の職員の勤務時間、休暇等に関する法律（平成六年法律第三十三号）第五条から第八条まで、第十一条及び第十二条の規定に相当する条例の規定による勤務時間をいう。第三項及び次条第一項において同じ。）を超えて勤務させる場合は、政令で定める基準に従い条例で定める場合に限るものとする。

第一条では、給特法が制定されるべき根本的な理由が記されている。すなわち、「公立の義務教育諸学校等の教育職員」は、その「職務と勤務態様の特殊性」が認められるため、法的な特例が必要だとされる。

「職務と勤務態様の特殊性」とは、具体的にいかなる状況を指すのか。

給特法が制定された一九七一年に、当時の文部省の初等中等教育局内に設置された「教員給与研究会」が、二四九ページに及ぶ給特法解説書『教育職員の給与特別措置法解説』（第一法規出版、一九七一年）を刊行している。そこに次のような解説が示されている。

［『教育職員の給与特別措置法解説』に示された教職の特殊性］

1　職務の特殊性

教育の仕事に従事する教員の職務はきわめて複雑、困難、かつ、高度な問題を取り扱うものであり、したがって専門的な知識、技能はもとより、哲学的な理念と確たる信念、責任感を必要とし、また、その困難な勤務に対応できるほどに教育に関する研修、専門的水準の向上を図ることが要求される。このように教員の職務は一般の労働者や一般の公務員とは異なる特殊性をもつ職務である。

2　勤務の態様の特殊性

通常の教科授業のように学校内で行われるもののほか、野外観察等や修学旅行、遠足等の学校行事のように学校外で行われるものもある。また、家庭訪問のように教員個人の独特の勤務があり、さらに自己の研修においても必要に応じて学校外で行われるものがある。このように、勤務の場所から見ても学校内の他、学校を離れて行われる場合も少なくないが、このような場合は管理・監督者が教員の勤務の実態を直接把握することが困難である。さらに夏休みのように長期の学校休業期間中の勤務は児童生徒の直接指導よりも研修その他の勤務が多いなど一般の公務員とは違った勤務態様の特殊性がある。（注3）

「勤務の態様の特殊性」に述べられているとおり、学校の教員の業務内容は、授業を実施するだけにとどまらない。校外学習をはじめ学校外での業務も多く、家庭訪問をおこなうこともある。学校内においてさえ、給食や掃除の指導、いじめなどの対応があり、今日では家庭内におけるスマートフォンの適切な使い方の指導まで期待されている。後に詳述する部活動も、そもそも生徒の「自主的な活動」にすぎないものを、学校側が一手に引き受けてきた経緯がある。

これらを概観するに、具体的な業務内容にとどまらず、教員という職務自体が特殊であると言える。すなわち「職務の特殊性」にあげられているように、学校の教員は、多様で高度な専門性を要し、それをこなすための確たる信念や責任感を有していなければならない。その専門性の向上のためには、絶え間ない研修も要求される。

だがここで、一つの疑念が生じる。すなわち、私立校と国立校の教員には、上記の「職務の特殊性」や「勤務の態様の特殊性」は当てはまらないというのだろうか。私立校と国立校も、業務の具体的な内容やそのために期待される専門性・責任感などは、公立校のそれと同等であるようにも感じられる。

給特法の特異性②——残業代が支払われない「定額働かせ放題」

公立校教員は他の労働者と同様に、基本的に労基法が適用される。しかしながら、時間外労働についてはその適用が除外されていることが、給特法の最大の特徴である。

労基法では第三七条第一項において、使用者が「労働時間を延長し、又は休日に労働させた場合においては、その時間又はその日の労働については、通常の労働時間又は労働日の賃金の計算額の二割五分以上五割以下の範囲内でそれ

注3
『教育職員の給与特別措置法解説』第一法規出版、1971年、92頁

ぞれ政令で定める率以上の率で計算した割増賃金を支払わなければならない」と定めている。これが、民間企業などにおける残業代支払いの根拠である。

公立校の教員においては、定時を超えた業務に給特法の規定が適用される。給特法の第三条と第六条は、所定労働時間を超えた勤務時間の取り扱いを定めている。すなわち、給料月額の四%分を「教職調整額」として支給する一方で、「時間外勤務手当及び休日勤務手当は、支給しない」(第三条第二項)。仮に「正規の勤務時間を超えて勤務させる場合は、政令で定める基準に従い条例で定める場合に限る」(第六条)とされている。

当の政令「公立の義務教育諸学校等の教育職員を正規の勤務時間を超えて勤務させる場合等の基準を定める政令」を参照しよう。

[政令で示されたいわゆる「超勤四項目」]

一　教育職員(法第六条第一項に規定する教育職員をいう。次号において同じ。)については、正規の勤務時間(同項に規定する正規の勤務時間をいう。以下同じ。)の割振りを適正に行い、原則として時間外勤務(正規の勤務時間を超えて勤務することをいい、同条第三項各号に掲げる日において正規の勤務時間中に勤務することを含む。次号において同じ。)を命じないものとすること。

二　教育職員に対し時間外勤務を命ずる場合は、次に掲げる業務に従事する場合であって臨時又は緊急のやむを得ない必要があるときに限るものとすること。

イ　校外実習その他生徒の実習に関する業務

ロ　修学旅行その他学校の行事に関する業務

ハ　職員会議（設置者の定めるところにより学校に置かれるものをいう。）に関する業務

ニ　非常災害の場合、児童又は生徒の指導に関し緊急の措置を必要とする場合その他やむを得ない場合に必要な業務

ここでは、「原則として時間外勤務を命じないものとすること」が定められている。つまり、公立校教員は管理職から定時を超えて働くことは強制されない。それに連動して、定時外の業務に残業代（割増賃金）が支払われることもない。なお仮に、やむなく定時外の業務を要する場合には、「割振りを適正に行」うことが求められる。割振りとは、その定時外業務の時間数を、別の日の業務から差し引く調整方法である。

「原則として時間外勤務を命じない」とされているものの、政令にあるとおりいわゆる「超勤四項目」（校外実習などの実習、修学旅行などの学校行事、職員会議、非常災害）に限っ

て、正式に残業が命じられる可能性がある。ただしそれら四項目が、普段の定時外の業務に占める割合は、ほんのごく一部である。しかも、「臨時又は緊急のやむを得ない必要があるときに限る」との制約がかけられている。

給料は固定で、あとはどれだけ働いても基本的に残業扱いにされない。かくして、「定額働かせ放題」への道が開かれてしまったのである。

国や裁判所の無慈悲な態度

これをもって文科省は長らく、「現行制度上では、超勤四項目以外の勤務時間外の業務は、超勤四項目の変更をしない限り、業務内容の内容にかかわらず、教員の自発的行為として整理せざるをえない。このため、勤務時間外で超勤四項目に該当しないような教職員の自発的行為に対しては、公費支給はなじまない」（注4）との態度をとってきた。

定時外に、子供のため、学校のためとプライベートを犠牲にして尽くしてきたことが、「教員の自発的行為」と整理されてしまう。無慈悲な態度と言える。

ただし給特法の条文だけを読めば、ある意味において、給特法は労働者にとって利益の大きい法律であると言えなくもない。なぜなら、基本的に残業を命じられることはなく、命じられるとしてもその対象となる超勤四項目の業務が生じることはめったとない。定時で仕事を終えられ、かつ教職調整額の四%をもらうことができる。一見すると労働者にとって理想的な法律であるかにも思える。

ところがすでに知られているとおり、学校では、長時間労働が常態化している。定時で帰るのは夢物語だ。すなわち、管理職から残業を命じられないままに、教員が定時外にやむなく業務を遂行している状態である。

実質的にこれは労働なのだからと、残業代請求の民事訴訟を起こしたケースもある。近年では、埼玉県の公立小学校教員である田中まさお氏の「埼玉教員超勤訴訟」が知られている。詳細については、超勤や裁判関連の膨大な資料が田中氏開設のウェブサイト「埼玉教員超勤訴訟・田中まさおのサイト」(注5)に公開されているので、ぜひ参照されたい。

田中氏は、時間外に勤務したにもかかわらずそれに残業代が支払われないのは違法であると主張し、未払いの

注4
中央教育審議会初等中等教育分科会「教職員給与の在り方に関するワーキンググループ(第8回) 配付資料」2006年11月10日 https://www.mext.go.jp/b_menu/shingi/chukyo/chukyo3/041/siryo/1417084.htm

注5
「埼玉教員超勤訴訟・田中まさおのサイト」https://trialsaitama.info/

賃金を支払うよう県に求めた。二〇一八年九月に提訴し、さいたま地方裁判所での第一審は二〇二一年一〇月に敗訴した。二〇二二年八月、東京高等裁判所での第二審も、第一審の判決をほぼ引用するかたちで判決がくだされ、田中氏は敗訴した。田中氏は上告したものの、二〇二三年三月に最高裁判所も訴えを退け、敗訴が確定した。

第一審判決は、定時外の業務に関する残業代請求を、次のように説明する。すなわち、「給特法は、このような見地から、教員に対し、労働時間を基準として一定の割増賃金の支払を使用者に義務付ける労基法三七条の適用を排除」している。その代わりに「教育的見地からの自主的で自律的な判断に基づく業務に従事することで、その勤務が正規の勤務時間外に行われることもあり得ることを想定して、その労働の対価という趣旨を含め、時間外での職務活動を包括的に評価した結果として、俸給相当の性格を有する給与として、教職調整額を支給するものと定めたものということができる」。「このような給特法の構造からすると、同法の下では、超勤四項目に限らず、教員のあらゆる時間外での業務に関し、労基法三七条の適用を排除していると解することができる」

このように、教員本人としては学校のために、定時外にやむなく従事したつもりの業務であったとしても、給特法がある以上は、労基法第三七条の残業代支払いの根拠には該当しない。これが最高裁で確定されている。結局のところ、月額四％の教職調整額の支払いによる「定額働かせ放題」の法運用が、田中氏の裁判で改めて認められたことになる。

残業代不払いを合法化するための法律

教職調整額における給料月額の四％分とは、一九六六年度に文部省が実施した「教員勤務状況調査」で、一週間の定時外の業務が小学校・中学校で平均二時間弱であったことから算出された。ただし後に示すとおり、今日の定時外の業務時間数は、当時とは比較にならないほどに大きい。

ここで注目すべきは、給特法が制定された一九七一年当時における、教員の残業代支払いをめぐる状況である。

弁護士で日本労働弁護団常任幹事を務める嶋﨑量氏は、「給特法は、教員の自主性や専門性を尊重するためでも、教員の労働時間を削減するためでもなく、当初から残業代不払いを合法化するために成立したもの」と強調する。嶋﨑氏によると、当時、公立校教員の時間外勤務手当の支払いを命じる地裁・高裁判決が続出し、最高裁判決において自治体側の敗訴判決が予想されていた状況であったという（注6）。

労働法学者で早くから給特法の問題点を指摘してきた萬井隆令氏も、同様の旨を述べている。すなわち、「戦後民主化の中で、教師も労働者の一員として基本的に労基法三二条以下もすべて適用され、超勤に対しては手当が支払われるべきもの」とされてきた。「ところが、現実には手当が支払われなかったため、超勤手当請求訴訟が繰り返し提起され、裁判所は、その都度、法律の規定に従って超勤手当の支払いを命じた」。そこで「将来の紛糾を防ぐため」に制定されたのが給特法である（注7）。

教育社会学者で日本大学教授の広田照幸氏によると、日本教職員組合（日教組）は、給特法の成立とともに発表した批判声明において、無定量の勤務の強制が現実のものとなれば教員の生活と健康が害されると訴えていた。「無定量の労働が強制させられることはないとする文部省の審議官、無定量の勤務の強制が現実化すると危惧した日教組。二〇二〇年現在振り返ると、実態としてどちらが正しかったかは一目瞭然である」と述べている（注8）。

超勤訴訟の敗訴がつづくことを回避するために、国は給特法を制定した。そうであるからこそ、残業代の不払いが危惧されていた。そしていま、まさにその自体が白日のもとにさらされている。裁判所に訴えかけたところで、給特法がある限り、原告敗訴がつづくばかりである。

時間管理なき長時間労働

一九七一年に給特法が制定されてから五〇年あまりの間に、何が起きたのか。

「残業なし」という建前は、定時を超えた業務時間の管理を不要にした。すなわち第一に、残業時間を数え上げる必要が生じなくなった。第二に、残業代支払いによる残業抑制のインセンティブが使用者側に生じなくなった。その結果、「子供のため」という殺し文句（過労死が生じている点で、これは字義通りに「殺し文句」と言わざるをえない）のもと、歯止めがかかることなく長時間労働が増大しつづけていった。「時間管理なき

注6
嶋﨑量「給特法の廃止が必要です！〜日本労働弁護団意見書の解説〜」『Yahoo! ニュース』2023年 8 月21日 https://news.yahoo.co.jp/expert/articles/79e5caa4c0088886300797a275b77285685db863

注7
萬井隆令「公立学校教師と労働時間制――給特法と高度プロフェッショナル制」『季刊 労働者の権利』2017年10月号、2 頁

注8
広田照幸「なぜ、このような働き方になってしまったのか――給特法の起源と改革の迷走」『迷走する教員の働き方改革――変形労働時間制を考える』岩波ブックレット、2020年

長時間労働」、より正確を期すならば「時間管理がないからこその長時間労働」と表現できる。

給特法においては、「超勤四項目」を除くと、時間外労働の概念がない。

その結果、第一に、時間管理が不要となった。タイムカードが必要とされるのは、定時外の時間帯にも正式に労働している状況がありうるからだ。ところが、公立校には定時があるだけで、定時外の業務が存在しないことになっている。

文科省による二〇一六年度の教員勤務実態調査における学校調査では、出勤時刻の管理方法として多かった回答は、一つが、管理職による点呼・目視等による確認（小学校の三五・八％、中学校の四五・九％）で、もう一つが出勤簿への押印（小学校の四〇・六％、中学校の二九・八％）であった。いずれも「学校に来ている」ことの確認にすぎず、タイムカードやＩＣＴ機器による客観的な記録は小中ともに二割程度であった。

公立／私立を問わず、学校という職場は長らく、時間管理の不毛地帯でありつづけた。いまようやく働き方改革の機運の高まりにより、時間管理のあり方に疑義が呈され始めている。本章冒頭でとりあげた二つの残業代訴訟は、学校における新しい時間管理の必要性を象徴するものと言える。

給特法は第二に、国や自治体のコスト意識を欠落させた。学校に新たな教育内容や課題

		小学校		中学校	
教員の毎日の出勤時刻の管理をどのように行なっていますか	報告や点呼、目視などで管理職が出勤を確認している	142	35.8%	183	45.9%
	出勤簿への押印などで出勤を確認している	161	40.6%	119	29.8%
	タイムカードなどで出勤の時刻を記録している	34	8.6%	37	9.3%
	校務支援システムなどICTを活用して出勤の時刻を記録している	56	14.1%	47	11.9%
	特に何も行なっていない	3	0.8%	12	3.0%
	その他	0	0.0%	0	0.0%
	無回答	1	0.3%	1	0.3%
	合　計	397	100.0%	399	100.0%
教員の毎日の退勤時刻の管理をどのように行なっていますか	報告や点呼、目視などで管理職が退勤を確認している	245	61.7%	231	57.9%
	タイムカードなどで退勤の時刻を記録している	41	10.3%	53	13.3%
	校務支援システムなどICTを活用して退勤の時刻を記録している	66	16.6%	53	13.3%
	特に何も行なっていない	43	10.8%	55	13.8%
	その他	1	0.3%	6	1.5%
	無回答	1	0.3%	1	0.3%
	合　計	397	100.0%	399	100.0%

図表1-1　公立校における出退勤時刻の管理方法

出典：文部科学省「教員勤務実態調査」（2016年度）

を突きつけたところで残業代は発生しない。予算を気にすることなく、業務が増やされていった。

教師教育を専門とする明海大学教授の高野敬三氏は、「○○教育は優に一○○を超えると言っている方もいる」として、その例をあげている。

国際理解教育、消費者教育、税教育、法教育、

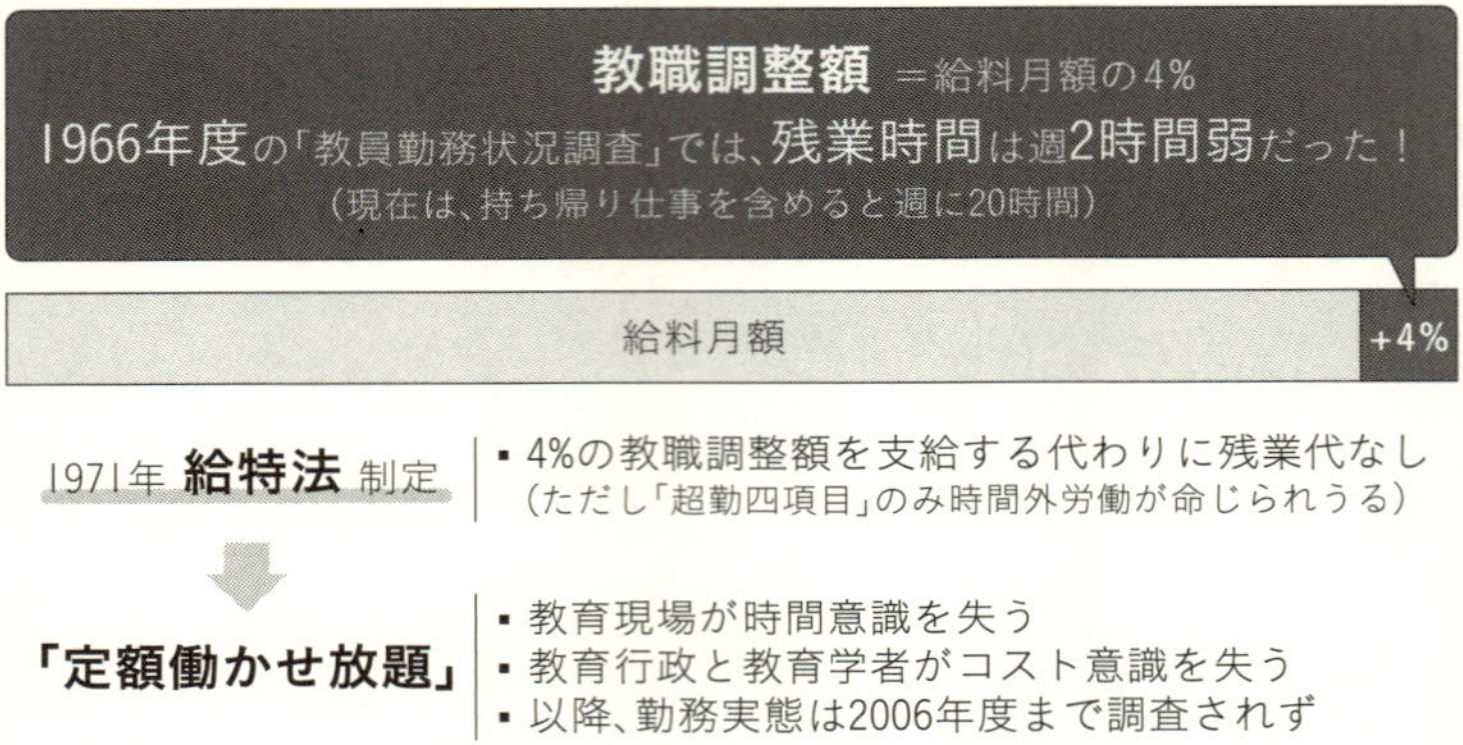
教職調整額 ＝給料月額の4%
1966年度の「教員勤務状況調査」では、残業時間は週2時間弱だった！
（現在は、持ち帰り仕事を含めると週に20時間）
給料月額
+4%
1971年 給特法 制定
・4%の教職調整額を支給する代わりに残業代なし
（ただし「超勤四項目」のみ時間外労働が命じられうる）
「定額働かせ放題」
・教育現場が時間意識を失う
・教育行政と教育学者がコスト意識を失う
・以降、勤務実態は2006年度まで調査されず
図表1-2　給特法の概要

納税教育、福祉教育、人権教育、郷土教育、伝統文化教育、平和教育、自然体験教育、男女平等教育、起業家教育、著作権教育、ＩＣＴ教育、情報教育、性教育、ガン教育、動物愛護教育、環境教育、安全教育、交通安全教育、図書館教育、特別支援教育、オリンピック・パラリンピック教育、ユニバーサルデザイン教育、ＮＩＥ教育、キャリア教育、食教育（食育）、ボランティア教育、多文化共生教育、インクルーシブ教育、ＬＧＢＴ教育、持続可能な開発のための教育（ＥＳＤ）、防災教育、主権者教育、プログラミング教育（注9）

これも「〇〇教育」の一部にすぎない。数多ある「〇〇教育」を発案し、現場に下ろしてきたのは、文科省と教育委員会、そして教育学者である。私自身

も二〇一〇年代半ばまでは、なにか学校の教育課題が論じられるたびに、「教員に研修を」「教員が点検を」と呪文のように唱えてきた。コストを意識しない教育論であったと反省している。

残業の誕生

二〇一九年一月の中央教育審議会「新しい時代の教育に向けた持続可能な学校指導・運営体制の構築のための学校における働き方改革に関する総合的な方策について（答申）」を受けて、二〇一九年一二月に臨時国会で給特法が改正された（二〇二〇年四月施行）。

改正のポイントは、残業時間の上限規制である。教員が学校教育活動に関する業務をおこなっている時間は「在校等時間」として外形的に把握され、勤務時間管理の対象に位置づけられた。そのうえで、在校等時間には上限が定められた。二〇二〇年四月から全国の自治体で在校等時間による

注9
高野敬三「社会の要請を受けた教育内容の精査」ぎょうせい、2020年1月14日 https://shop.gyosei.jp/library/archives/cat01/0000006541

時間管理が始まっている。

先述のとおり、文科省はこれまで定時を超えた業務は「教員の自発的行為」とみなしてきた。それが、「在校している時間」は業務にたずさわっているものとして把握されることとなった。公立校教員の働き方において、定時外の業務の概念が、ようやく公式に誕生したことになる。

在校等時間に関する規定は、「公立学校の教育職員の業務量の適切な管理その他教育職員の服務を監督する教育委員会が教育職員の健康及び福祉の確保を図るために講ずべき措置に関する指針」に記載されている。これは、中教審答申に合わせて文科省が二〇一九年一月に策定した「公立学校の教師の勤務時間の上限に関するガイドライン」が、二〇二〇年一月に法的根拠のある「指針」に格上げされたものである。

指針によると、残業時間の上限は、基本的には民間の残業規制に沿ったかたちで定められており、定時外の在校等時間が一ヶ月で四五時間以内、一年で三六〇時間以内とされている。ただし臨時の事情がある場合には、一ヶ月で一〇〇時間以内、一年で七二〇時間以内である。これは上限時間まで働くことを推奨する趣旨ではなく、定時のなかで仕事を終えることが基本である。

ただし、改正給特法のもとにおいても、残業代が支払われることはない。

文科省の「公立学校の教師の勤務時間の上限に関するガイドラインの運用に係るQ＆A」（二〇一九年三月）では、「在校等時間」と労基法上の「労働時間」とのちがいについて、「教師に関しては、校務であったとしても、使用者からの指示に基づかず、所定の勤務時間外にいわゆる「超勤四項目」に該当するもの以外の業務を教師の自発的な判断によりおこなった時間は、労基法上の「労働時間」には含まれないものと考えられます」と説明されている。

給特法研究の最高到達点と言える『聖職と労働のあいだ』の著者で、大阪大学教授で教育法を専門とする髙橋哲氏は、著書のなかで、「「在校等時間」の上限規制は、労基法による「労働時間」の上限規制とは異なり、①労使協定の締結、②割増賃金の支給、③上限オーバーへの罰則、という時間外勤務を抑制するためのブレーキを一切もたない」と整理する。在校等時間は、「時間外勤務を抑制するための基準ではなく、むしろこの上限まで「タダ働き」させてよい基準として作用してしまうおそれがある」と指摘する（注10）。

教員の定時外の業務は、明確に「勤務時間」である。ところがそれは、結局のところ労基法の観点からすると自発的な業務にすぎず、労基法上の「労働時間」ではない。もちろん、残業代が支払われることもない。

注10
髙橋哲『聖職と労働のあいだ――「教員の働き方改革」への法理論』岩波書店、2022年、116頁

「残業の誕生」とは、在校等時間の概念により、これまで公式には勤務とさえ認められてこなかった定時外の業務が、ようやく勤務時間管理の対象と認識されるようになったことを指している。ただし、その残業とは少なくとも労基法のそれからはほど遠い内容であり、正確には「残業的な概念が誕生した」と表現するほうが適切である。合法の長時間＋不払い労働は、これからもつづいていく。

第2章

ルールなき学校教育の顚末
——公立と私立の現実をデータから読み解く

内田良

公立校の賃金体系に準じた仕組み

第1章で述べたとおり、公立校と私立校では、定時外の勤務に適用される法律がまったく異なる。

しかしながら、奇妙なことに、勤務の実態は驚くほど酷似している。すなわち、私立校の教育も「定額働かせ放題」の歴史の上に成り立ってきた。

両者の働き方は、「法律は異なるも、実態は同じ」と要約することができる。そこで私立校がいかに公立校に類似してきたのか、その実態を、具体的な数値とともに確認していきたい。

私立学校法は第一条にて、法の目的を「私立学校の特性にかんがみ、この自主性を重んじ、公共性を高めることによって、私立学校の健全な発達を図ること」としている。「自主性」と「公共性」の文言にみるとおり、私立校は、独自の管理・運営が尊重されつつ、一方で公教育の一翼を担うことも期待されている。

私立校は、まったく自由なかたちで教育を提供できるわけではない。学習塾や家庭教育などの「私教育」には含まれず、「公教育」として広く公的な性格が要請されている。所管庁の権限が直接に及ぶ国公立校と比べると、管理・運営面などにおいて私立校はその自主性が尊重されつつも、同時に学校法人として特別な法的規制が加えられている。これが私立校の特性である。

だが教員の労働法制に関していうと、私立校は民間企業と同じ法的規制すなわち労基法のもとに置かれている。私立校の教員に特別な法律が適用されているわけではない。むしろ特別扱いされているのは、給特法が適用される公立校の教員である。

それにもかかわらず、私立校は公立校のまねごとのように、公立校の賃金体系に準じた仕組みを採用してきた。公益社団法人私学経営研究会「第三回　私学教職員の勤務時間管理に関するアンケート調査報告書」（二〇一八年一月）から、その全国的な動向が把握できる。

そもそも私立校の働き方の実態は、数量的なデータがまったくと言っていいほど明らかにされていない。同研究会の調査は、全国の私立校の実態を知るうえで、貴重な情報源である。

調査は二〇一七年六月から七月にかけて、全国の私立高等学校のうち約一〇〇〇校に対して実施され、回答数は三三二校（回答率は三三％）であった。その回答結果からは、奇妙なまでに公立校に寄せた私立校の労務管理の実態が見えてくる。

残業代を支払っている学校は一二%にとどまる

報告書によると、二〇一七年度の時点で時間外労働分の残業代を支払っているのは、全体の一二・一%にとどまっている。一方で多かった回答は、教職調整額を既払残業代とみなして支払う方法（二四・二%）と、それに定額の業務手当（部活動や補習等の手当）を加える方法（二九・四%）である。なお教職調整額については、給料月額の「四%」とする学校が多数（六五・七%）を占めた。

また、出勤時刻の管理方法として突出して多かった回答は、「出勤簿に押印（出勤時刻の記入なし）」（六二・七%）であった。「タイムカード・ICカード等の客観的な記録」は、一六・九%にとどまった。

出勤しても、時刻を記入せずに押印するだけ。この作業はたんに、「学校に来ている」という生存確認以上の意味をもたない。

そして、退勤時刻の管理方法として最多であったのは、「確認しない」（三二・五%）であった。次いで多かったのは、「出勤簿に押印（出勤時刻の記入なし）」（二〇・二%）であった。「確認しない」とは字義通りに読むと、あまりに冷徹な職場に思えるが、改めて確認

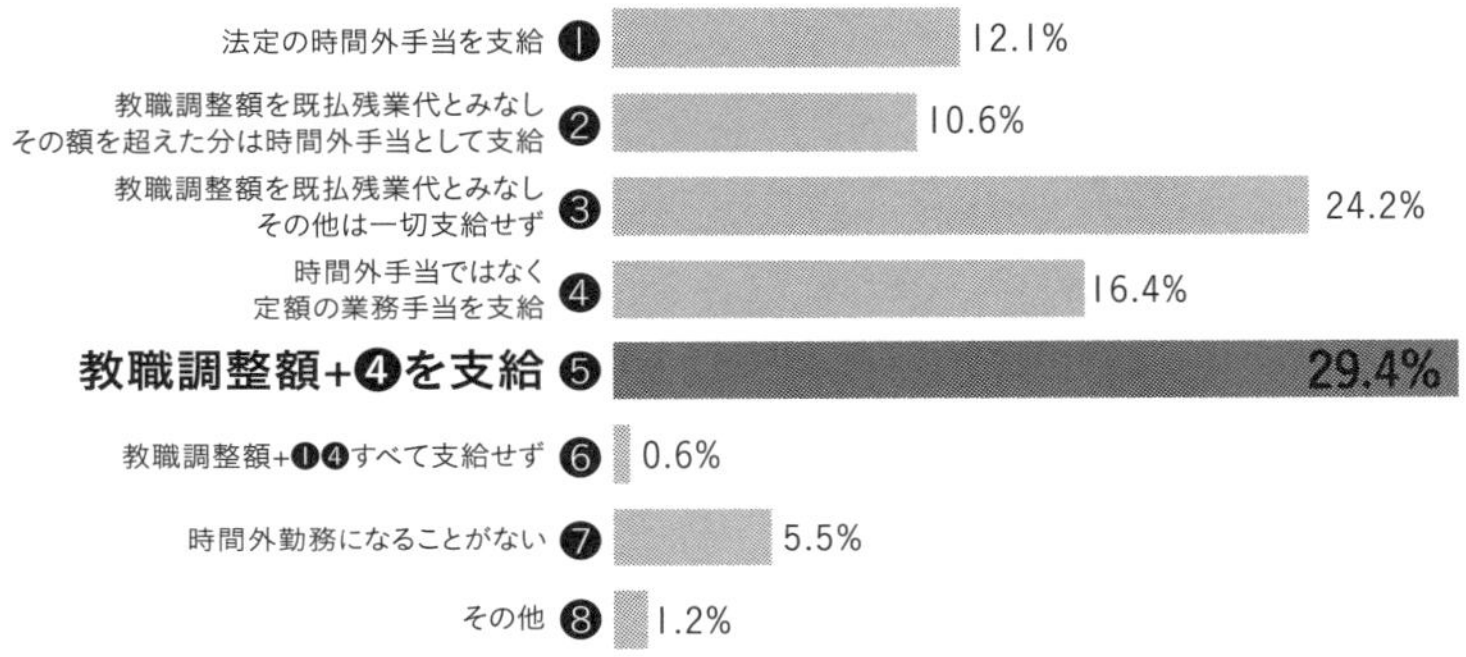

図表2-1　私立高校における「時間外手当」の有無

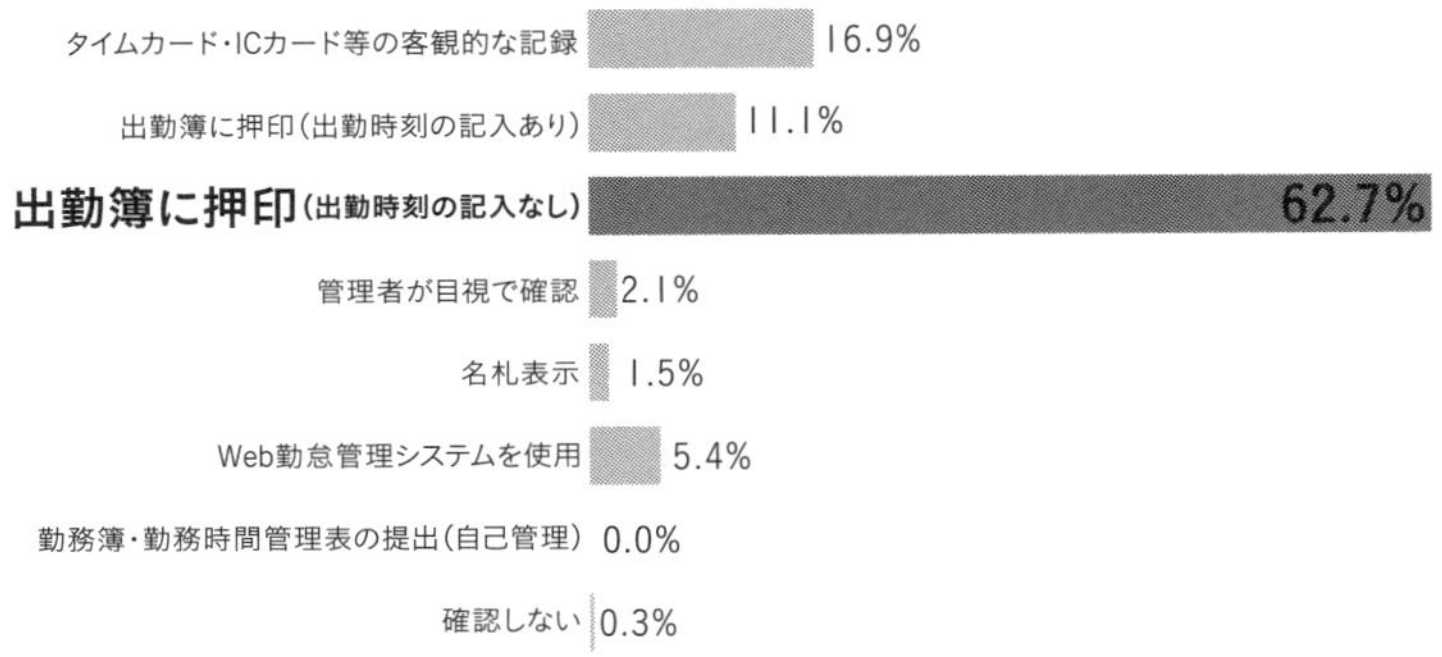

図表2-2　私立高校における「出勤」の確認方法

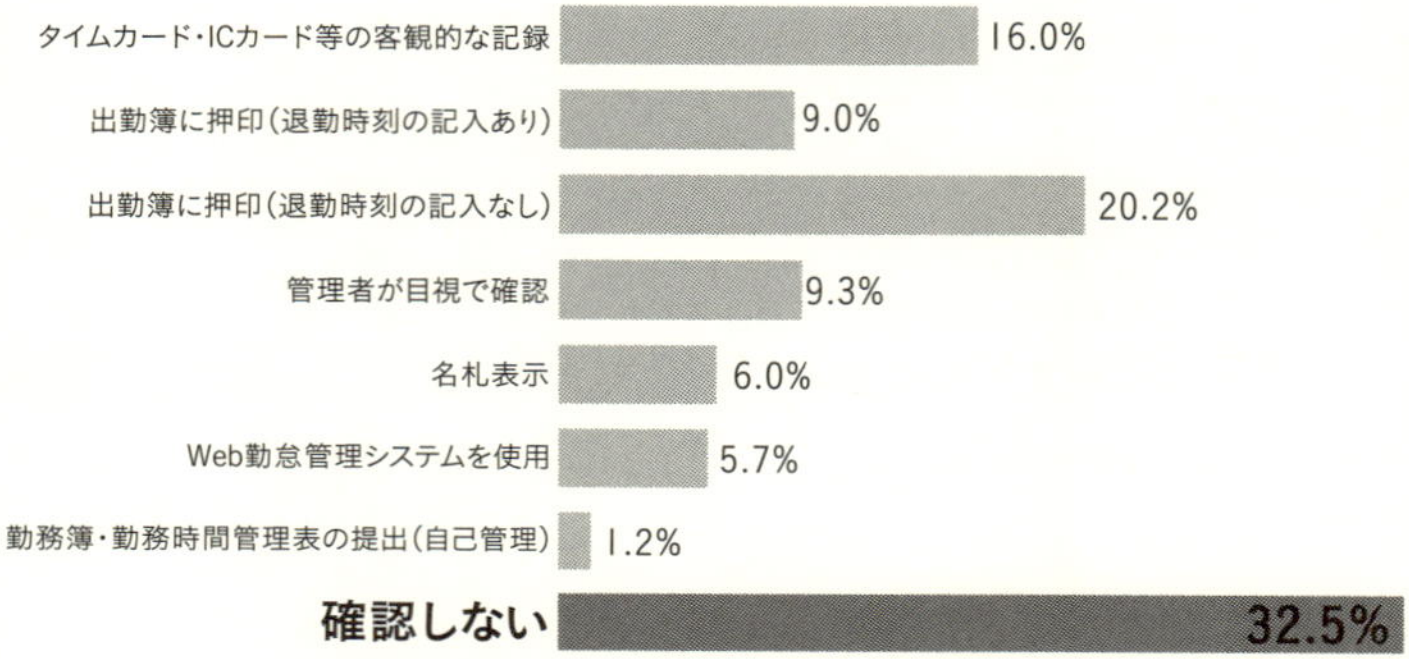

図表2-3　私立高校における「退勤」の確認方法

図表2-1～3の出典：
公益社団法人私学経営研究会「第3回　私学教職員の勤務時間管理に関するアンケート調査報告書」（2018年1月）

したいのはこれこそが学校に根づいてきたごく当たり前の働き方だということである。

私立校も「定額働かせ放題」の実態

定時を超えた勤務がまったく生じていないのであれば、時間管理が不要とされてきたことも理解できなくはない。

だが、本書の各私立校の事例が示しているとおり、全国的に教員の長時間労働は私立校でも常態化していると考えられる。私立校も「定額働かせ放題」の日常がつづいている。長時間労働が常態化しているとするならば、それにもかかわらず、なんとも驚かされるような時間管理がおこなわれてきたことになる。第1章で述べたように、「時間管理なき長時間労働」は私立にも公立にも共通の働き方である。時間管理がないからこそ、長時間の勤務実態が可視化されない。長時間労働を規制するためのエビデンスを欠いたままに、残業が積み重なっていく。

「教職調整額」なる概念が、調査で用いられている点も興味深い。「教職調整額」は、給特法に固有の規定であり、労基法とはいっさい関係がない。公立校の規定が、なぜか私立校にも適用されている。

「教職調整額」の割合も同様だ。公立校の教職調整額は、給特法により給料月額の四%と

勤務時間管理の方法		教員			職員		
		大・短	中・高	他	大・短	中・高	他
1	タイムカード等の客観的な記録に基づいて行なっている	13	15	11	29	21	16
2	自己申告制（出勤名簿等）	8	11	8	17	16	12
3	時間管理はしていないが、2019年4月1日より行うことを検討、又は予定している	14	15	8	4	9	4
4	時間管理はしていないが、検討課題だと考えている	25	26	14	12	22	8
5	時間管理はしておらず、今のところする予定はない	4	5	4	2	4	4
	無回答	0	0	0	0	0	1
計		64	72	45	64	72	44

図表2-4　私立校における勤務時間管理の方法（2018年度）
出典：公益社団法人私学経営研究会「働き方改革に関するアンケート」2019年

定められており、私立校においても教職調整額を設けている場合には給料月額の四％が多数派であった。

なお、私立校の勤務時間管理の方法については、上記の二〇一七年度調査よりも新しい集計結果がある。

同じく、私学経営研究会が実施した調査で、対象は研究会が開催したセミナーの参加校に限定されている。調査は二〇一八年一二月から二〇一九年一月にかけて実施された。

中学校一六校と高校五六校（計七二校）の教員の回答をみてみると、勤務時間の管理について「タイムカード等の客観的な記録に基づいて行っている」のは、二〇・八％にとどまっている。

一方で、時間管理をおこなっていない（選

択肢の3、4、5）学校が、六三・九％に達している。しかも、「検討課題」（選択肢4）ならびに「今のところする予定はない」（選択肢5）と、調査時点で具体的な実施が定まっていない学校が四三・一％にのぼっている。

学校の働き方改革は、いま始まったばかりである。本書が刊行される二〇二五年時点において、事態はいくらか改善されていると信じたい。

労働基準監督署の立入調査

二〇一七年度の調査結果に話を戻そう。

定額働かせ放題の職場では、残業のあり方を決めるための交渉の仕組みも整えられていないことが多い。すなわち、残業のあり方をめぐって使用者側と協定を取り結ぶはずの労働組合が組織されていないのだ。

報告書には、労働組合の有無の実態も記載されている。私立の高校のうち約三割は、労働組合「なし」と回答している。

労基法第三六条によると、労働者に法定時間を超えた労働、または法定休日の労働を課す場合に、企業と労働者は労使協定を締結しなければならない。いわゆる「三六協定《サブロク》」と呼ばれる取り決めで、この協定なしに残業は存在しえない。ところが、協定を結ぶための労働組合が組織されていない学校がある。これでは管理職からの残業命令を受け入れようにも、話が進まない。

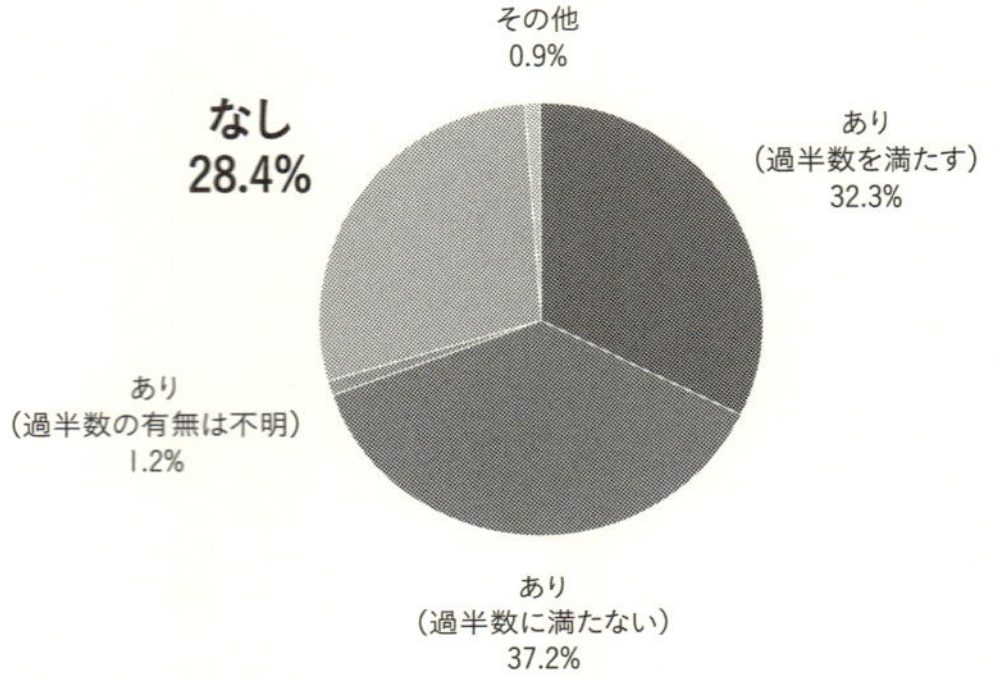

図表2-5 労働組合の有無
出典：公益社団法人私学経営研究会「働き方改革に関するアンケート」2019年

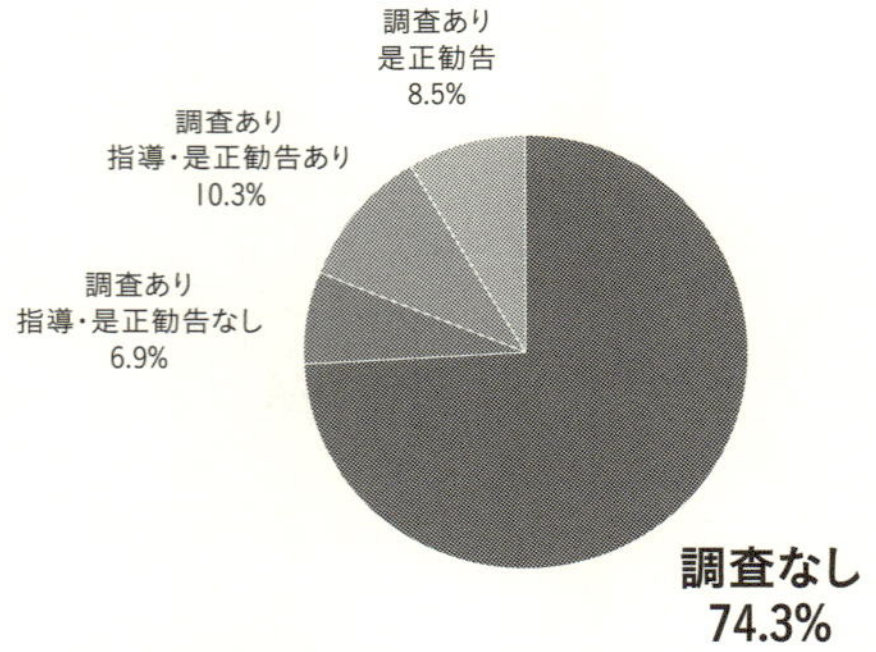

図表2-6 労働基準監督署による立入調査の有無
出典：公益社団法人私学経営研究会「働き方改革に関するアンケート」2019年

また報告書では、勤務時間管理に関する労基署の立入調査の有無が明らかにされている。二〇一七年度の調査時点で調査なしと回答した高校は全体の七四・三%を占める。つまり四校に三校はそもそも労基署の調査が入っていない。

一方で四校に一校はすでに調査が入っている。全体の高校のなかで、指導・是正勧告なしの高校が六・九%、指導ありの高校が一〇・三%、是正勧告に至った高校が八・五%である。

労基署から指導や是正勧告があった旨の話は、私自身も、個人的な人間関係のなかでときおり耳にすることがある。これまでルールなき長時間労働が常態化してきた私立の教育現場に、労基署の厳しいまなざしはいかなるインパクトをもつことになるのだろうか。

私立校における危機意識の高まり

私立校も公立校と同じく定額働かせ放題の歴史をたどってきた。そしていま、公立校と足並みを合わせるかのように、長時間労働の問題に向き合い始めている。

ここまで参照してきた私学経営研究会の「第三回　私学教職員の勤務時間管理に関するアンケート調査報告書」のタイトルが示すとおり、同調査は三回実施されてきている。第一回が二〇一〇年度、第二回が二〇一四年度、第三回が二〇一七年度である。

第三回の報告書では、「刊行のごあいさつ」として、次のような問題意識が示されている（傍点は筆者）。

> 学校現場において、教職員の勤務時間管理は非常に難しいものがあります。公立の高等学校以下の学校においては、「公立の義務教育諸学校等の教育職員の給与等に関する特別措置法」により、教職調整額を支給することで時間外勤務手当を支給しないものとされ、やむを得ない必要があるときは時間外勤務を命じることができますが、同法は、私学には適用されません。それにもかかわらず、超過勤務手当を支払っていないとか三六協定を結んでいない学校もあり、労基署による指導や是正勧告を受けるケースが増えています。適正な勤務時間の管理を行うためには、新たな制度導入を検討していく必要があります。

私立校が公立校の給特法のまねごとをしてきたとの前提で、しかしながら「同法は、私学には適用されません」と記され、残業代の不払いや三六協定の未締結が問題視されている。ここまでくり返し述べてきたように、長時間の勤務実態や時間管理の欠如は同じであっても、公立校は合法で私立校は違法である。だからこそ、私立校の働き方改革は急務である。

同調査の「調査目的」の文言に目を向けると、二〇一〇年以降の問題意識の変化が読み取れる。第一回から第三回まで、各回の調査目的は次のとおりである。

▼第一回（二〇一〇年度調査）　調査目的
私立中学・高等学校教職員の勤務時間管理の実態について調査することによって、学校経営の動向を分析し、法律・経営相談に役立てることを目的とする。

▼第二回（二〇一四年度調査）　調査目的
私立中学・高等学校教職員の勤務時間管理の実態について調査することによって、学校経営の動向を分析し、学校法人の適切な管理運営に役立てることを目的とする。

▼第三回（二〇一七年度調査）

私学の教職員の勤務時間管理や時間外・休日労働等に関する実態調査を行うことで、働き方改革を進める上での参考資料となることを目的とする。

第一回・第二回調査の目的は、学校経営や管理運営等に資するためとされている。一方で、第三回では「働き方改革を進める」ことが明記されている。

建学以来、公立校と同じように、勤務時間は管理されず、また残業を可能とするための協定（三六協定）も結ばれず、それゆえ残業代が支払われることもなく、教職調整額や部活動手当など微々たる上乗せで、学校を経営してきた。違法であっても、それが意識されることはほとんどなかった。

違法な働き方こそが、日常の勤務であった。その慣行が、明確に労基法に違反していると言われるのだから、今日の働き方改革の機運は、私立校にしてみれば「寝耳に水」の衝撃であっただろう。

国立校も「定額働かせ放題」

本書ではあまり言及しないが、国立校の教員もまた公立校や私立校と同じような働き方を強いられてきた。

国立校とは、国立大学の附属学校を指す。国立大学自体が全国で八六校に限られていることから、その附属学校の数もけっして多くはない。「はじめに」にて紹介したとおり、小学校が六七校、中学校が六八校、高校が一五校ある。

国立大学は、かつては文科省が設置する国の機関であった。二〇〇四年度に各大学が独立した法人格をもつ「国立大学法人」となり、自律的な運営のもとで研究や教育に取り組んでいる。

附属学校に勤務する教員は、当然のこととして、公立校教員に適用される給特法の対象には含まれない。第1章で述べたように、法人化前の二〇〇三年度までは公立校と同じ給特法の対象であった。二〇〇四年度以降は、民間企業や私立校と同じく、定時内も定時外も労基法が適用されている。

二〇二二年二月、文科省は「国立大学の附属学校における労務管理等に関する調査結果」

を発表した。同調査では、国立校の残業について、その具体的な労務管理の方法や労基署の指導などの状況が調べられた。

調査対象は、附属学校を設置するすべての国立大学法人で、全部で五五法人ある。学校数としては、小中高に幼稚園や特別支援学校等を含めて計二五三校である。

次の「調査趣旨」からは、文科省の危機意識が読み取れる。

一部の国立大学法人において附属学校教員の時間外労働に対する割増賃金の未払いがあったことを受け、労働基準監督署からの是正勧告や指導の状況や附属学校における労務管理の状況を関係国立大学法人間で情報共有することで、適正な労務管理のための体制整備の一層の促進を期するものです。

調査のきっかけは、一部の国立校において残業代が未払いとなっており、労基署から是正勧告や指導があったからだという。

調査の結果、二〇〇四年度以降において二四の法人で附属学校の教員に対する残業代の未払いが確認された。全体で教員二九五二人に対して、計一五億六〇〇〇万円が支払われていなかった。二四法人中二二法人は、労基署からの是正勧告や指導を受けて、残業代の支払いを済ませたという。

労基署からは、残業代の未払い以外にも、時間外労働の上限を超えて働かされていることや、賃金台帳の記入が不適切であることなどが指摘されていることも明らかとなった。

［労基署からの是正勧告や指導の主な内容］

- 労基法第三二条違反
  時間外労働に関する協定に定める時間外労働の上限を超えて労働させている。
- 労基法第三七条違反
  時間外労働や休日労働に対する割増賃金を支払っていない。
- 労基法第一〇八条違反
  賃金台帳が適切に調製、記入されていない。

文科省は、「給特法の仕組みを維持していたため、未払いの残業代が発生していた大学が多いようだ。各法人の認識不足が原因だろう」（注1）と述べている。法人化前までの残業代が支払われない法制度が、そのまま実質的に適用されてきたのだ。

注1
『毎日新聞』2022年2月23日

まさに五五法人中五法人においては、給特法の規定である「教職調整額」の考え方が適用されていた。すなわち、「教職調整額」等の名称で一定額を支給し、かつ残業代相当額が「教職調整額」等を超える場合にもその超過分は支払っていなかった。

なお、文科省がこうした調査を実施するのは、はじめてである。文科省にとって、働き方改革が、新たな重大課題となっていることが伝わってくる。

ただし改めて、法律上は基本的に残業が存在しない公立校においては、残業代未払いの調査自体が実施されていない。正確には、実施しようがないと言える。

私立と公立で明暗、近年の残業代訴訟と働き方

残業代訴訟の闘いは簡単なものではないが、その道はけっして真っ暗ではない。じつは、二〇二〇年九月に長崎県の私立高校で、陸上部顧問を務める事務職員が、部活動の指導をめぐって長時間の労働を強いられたとして、学校に対して未払い残業代などの支払いを求めて提訴した事案がある。この事案では、二〇二二年一一月に和解が成立した。

訴えによれば、残業代は月約一万四〇〇〇円の固定手当などしか支払われておらず、未払い分は約一六〇〇万円にのぼるとされる。和解では、学校側は部活動の練習などを労働時間と認め、解決金として事務職員に一八五万円の支払いを約束した。部活動の残業代が労働時間と認められた例は、珍しいという（注2）。

公立校において残業代支払いを求めた埼玉県の小学校教員である田中まさお氏の訴訟は、第1章でも確認したとおり、二〇一八年の提訴後、二〇二三年三月に最高裁で敗訴が確定した。地裁から最高裁まで、公立校における残業代の支払い請求は一蹴されつづけた。

訴訟のような重大事案とまではいかなくとも、学校の日常においても、私立（とは言ってもまだごく一部にとどまるのだが）と公立の間にすこしずつ、残業代をめぐる対応の差が見え始めている。

いま、まだ一部ではあるものの、複数の私立校において驚きの働き方改革が進んでいる。民間企業からすると当然のあるべき姿かもしれないが、「時間管理なき長時間労働」のもとに置かれてきた学校教育の歴史からすると、やはり驚くべき事態である。

複数の私立校で取り組みが始まっているのが、部活動の大会引率等で休日に出勤した場合、それを通常の勤務として取り扱う方法である。

注2
『毎日新聞』2020年９月26日、2022年11月９日

これまで多くの私立校で、休日の部活動指導には、三〇〇〇円程度の手当が支払われてきた。これは公立校にならったもので、公立校では自治体によって多少のちがいはあるが、特殊勤務手当としておおよそ四時間以上の指導で三〇〇〇円ほどが支給されてきた。ただし、私立校の場合は民間企業と同じであるから、本来は休日の労働には、通常の時給の二五%増あるいは三五%増の割増賃金が支払われる。平日よりも多くもらうべきなのに、現実はむしろ逆に四時間三〇〇〇円ほどで済まされている。明らかに労基法違反である。

ところがここ数年、学校の働き方改革の機運が高まり、また労基法の改正により時間外労働に罰則付きの上限規制が適用されたことで、いくつかの私立校は、業務の大幅な見直しを進めている。

その一つが先に述べた、休日の部活動指導を通常勤務とみなす方法である。ただそのままでは、平日にくわえ休日にも働いたことで割増賃金が発生する。そこで他の日を振替日とする。学校法人としては割増賃金を発生させずに勤務日の入れ替えにより、休日の部活動指導に正当な対価を支払うかたちだ。

実際にいくつかの私立校では、休日に出勤し平日のどこか一日を休みにする教員がいる。「数年前とはまったく変わった」と、ある私立校の管理職は、焦りと感慨を交えて話してくれた。

また、振替日ではなく休日等の部活動指導により割増賃金を受け取ることで、「年収が一〇〇万円増えました」という教員もいる。年収が一〇〇万円も増えるとは、どれだけ残業しているのか、これまでどれほどタダ働きだったのかとツッコミを入れたくもなる。ただ、働いた時間に対価が支払われる点で、まっ当な働き方である。

「子供のため」の教育論と「保護者のため」の忖度

一方、ある公立小学校では、コロナ禍で回数が週二回にまで減っていた清掃活動を、従来の週五回に戻そうという議論があった。一年生から六年生までの生徒たちが協働することに、教育的な意義があるからだという。

ただ、教育的意義があるとしても、はたしてそれに毎日取り組む必要はあるのだろうか。

そもそも学校でおこなっていることは、すべて子供のために意図された教育活動である。教科の授業にとどまらず、体育祭や遠足等の学校行事やその事前準備、さらには廊下での会釈から給食や休み時間の過ごし方も、すべて教育的に必要だとの狙いで組まれている。理不尽であると多方面から指摘されている校則もまた、ツーブロックの禁止や下着の色指定、冬場のコート着用禁止でさえ、やはり教育上のプラスの効果があると期待されてきた。

すべての実践に教育的意義があるからといって、働き方改革の時代においては、教育的意義があることをもって活動時間数を増やす結論は導かれない。掃除に教育的意義があるとしても、週に一回だけその機会を用意すれば十分と考えることもできる。

そして、掃除を週二回から五回に戻すにはいったいいくらのコストがかかるのだろうか。一つの学校に教員が四〇人いてその全員が一五分間の清掃にかかわるならば、その学校では一日あたり四〇人×一五分＝一〇時間を掃除に充てていることになる。

週二日から週五日に増やせば、新規に週あたり三〇時間が追加される。一ヶ月（四週分とする）換算で一二〇時間、一年（四〇週分とする）換算で一二〇〇時間の追加に相当する。この時間は結果的に残業につながっているから、これらにくわえて二五％増の時間を要すると考えられ、通常業務が時給二〇〇〇円とするならば総じて年間三〇〇万円の追加コストが算出される。

二〇一九年の中教審の働き方改革答申以降、公立校では長時間労働解消の取り組みが具体的に検討されてきたが、それでも私個人の経験からするとその間、公立校からお金の話が聞こえてきたことは、一度たりともない。聞こえてくるのは、「子供のため」に必要かどうかという教育論と、「保護者のため」という忖度ばかりである。

お金と無縁の各公立校とは対照的に、このようなコスト計算が、目下のところいくつかの私立校では、学校の存続をかけておこなわれている。

残業代を支払うだけの予算を学校が法人から新たに獲得するなどの工面ができれば、先述のとおり、正規の残業代が支払われたり、振替休日により土曜出勤の代わりに平日が休みになったりする。だが予算の目処が立たない場合には、実際の残業を不可視化する、あるいは握りつぶす方法がとられる。

働き方改革の進展により、公立と私立の間に溝が生じつつあり、また私立校の間にも溝が生じ始めている。

部活動指導の負担

学校の働き方改革における重要なトピックの一つに、部活動改革がある。まさに、定時の時間を超えて残業代も支払われずにおこなわれる教育活動であり、土日にもおこなわれることが通例となっている。

文科省が一九五五年から二〇〇一年の間に実施した複数の調査を整理したスポーツ社会学者の中澤篤史氏によると、公立の中学校や高校の運動部活動の活動日数は増減を経ながらも、週四日前後から週五日~六日に増加してきた。「現代は、多くの生徒が多くの日数にわたり活動している時代」（注3）である。

また、二〇一六年度の教員勤務実態調査では、二〇〇六年度と比較して小中学校の各種業務のなかで突出して労働時間が増加したものが、中学校の土日における「部活動・クラブ活動」であった。一日あたりで六三分もの増加が確認された。

中学校ならびに高校の学習指導要領において部活動は、「学校教育の一環」ではあるものの、「生徒の自主的、自発的な参加により行われる」と規定されている。生徒の自主性にゆだねられているということは、平たく言えば、「やってもやらなくてもよい」ものである。中央教育審議会のいわゆる「働き方改革答申」（注4）では、「部活動の設置・運営は法令上の義務ではなく、学校の判断により実施しない場合もあり得る」「部活動指導は必ずしも教師が担う必要のない業務である」と明記されている。

この議論は、基本的に公立校を想定したものである。しかしながら、給特法のまねごとと同じように、私立校の部活動指導の状況も公立校に酷似していると言えよう。すでに言及してきたように、定時外の部活動指導はほとんどタダ働きであり、長時間労働の温床でもある。国公私立を問わず、部活動改革は喫緊の課題である。

しかしながら、私立校こそ部活動改革が困難であると言わざるをえない。なぜなら、私立校においてとりわけ部活動の過熱が進んでいるように見えるからである。

たとえば夏の甲子園大会の出場校をみると、私立校における部活動熱の一端が見えてくる。

ジャーナリストの松谷創一郎氏が作成した図は、その変化をはっきりとあらわしている。夏の甲子園大会の出場校について、設置者別に割合の変化を見てみると、戦後から私立校が徐々に勢力を拡大し、今日では出場校の大多数が私立校となっている。「夏の甲子園は、いまや私立の独壇場」とさえ言える。

二〇二三年の夏の甲子園大会では、大会史上はじめて一六強すべてが私立校で独占された。全国大会はもはや私立校のための大会であるようにさえ見えてくる。

ただし私立校では、部活動に対する姿勢には幅があると推定される。すなわち、部活動を生徒募

注3
中澤篤史『運動部活動の戦後と現在──なぜスポーツは学校教育に結び付けられるのか』青弓社、2014年、99頁

注4
正式には中央教育審議会「新しい時代の教育に向けた持続可能な学校指導・運営体制の構築のための学校における働き方改革に関する総合的な方策について（答申）」2019年1月25日 https://www.mext.go.jp/b_menu/shingi/chukyo/chukyo3/079/sonota/1412985.htm

集の要としている学校から、部活動にはほとんど重きを置いていない学校まで、多様である。

前者の私立校にとって部活動とは、学校の名声をかけた教育活動である。活動量を制限したり、学校から部活動を切り離したりする余裕は、ほとんどない。そうした私立校では、公立校以上に、労働としての部活動指導の問題性が高まる可能性がある。

部活動は、それ自体に問題があるわけではない。とりわけ私立校であれば、独自に部活動に力を入れることはその学校の裁量であろう。

労働の側面から問題なのは、第一に、部活動が、土日を含め定時外におこなわれていて、長時間労働の主たる要因となっていること、第二に、その指導が公立私立を問わずタダ働

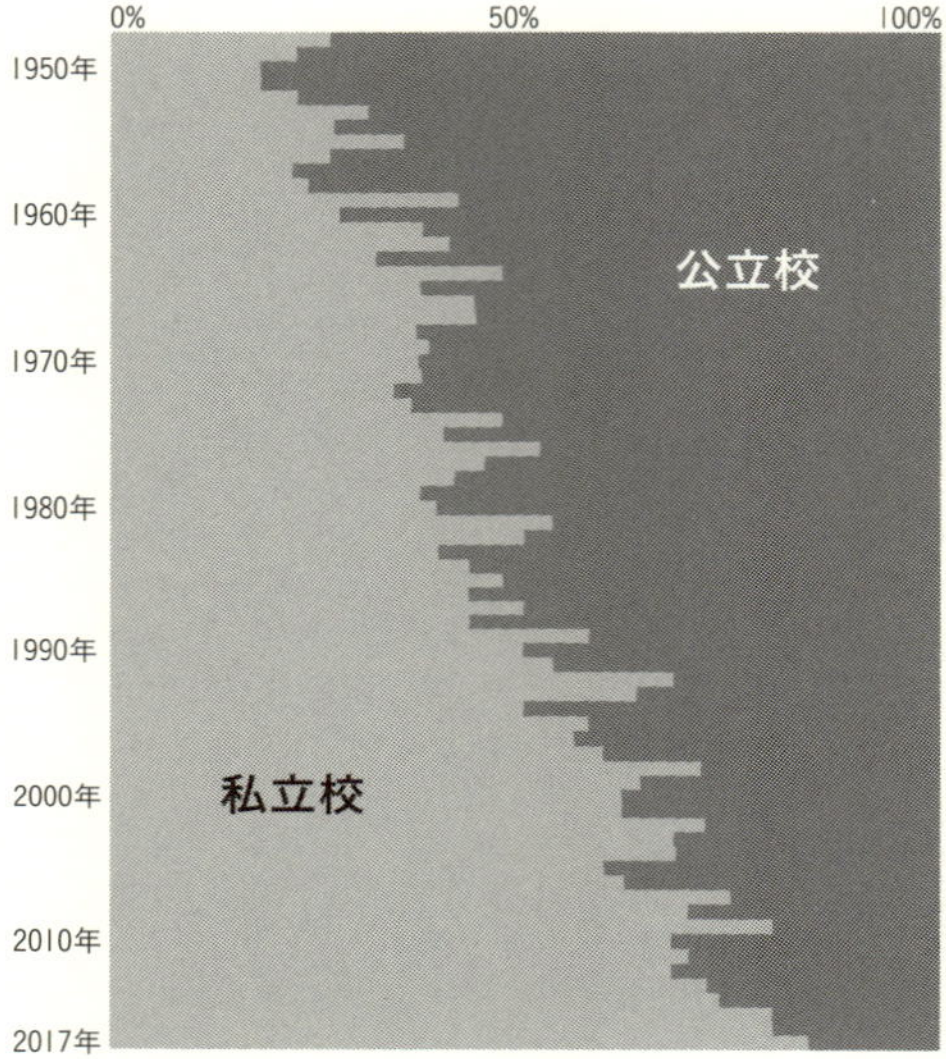

図表2-7　夏の甲子園出場校における公立／私立の割合の推移

出典：松谷創一郎「“プロ部活”のための夏の甲子園── ますます空洞化する「教育の一環」」Yahoo!ニュース、2017年8月6日 https://news.yahoo.co.jp/expert/articles/9aa77b7da6f5898db7f6cdbabd15826de401e3f0

き同然でおこなわれてきたことである。

部活動に傾倒していく私立校は、部活動こそが教育活動の中心であるというならば、真っ先に労働問題の側面の改善を図りながら、外部人材を活用した指導体制の確立を急がねばならない。

長時間労働の顚末――教室に「先生がいない」

文科省は二〇二一年にはじめて、公立校における教師不足の実態を明らかにした。

「教師不足」に関する実態調査」（二〇二二年一月三一日公表）の資料によると、「教師不足」とは、「臨時的任用教員等の講師の確保ができず、実際に学校に配置されている教師の数が、各都道府県・指定都市等の教育委員会において学校に配置することとしている教師の数（配当数）を満たしておらず欠員が生じる状態」を指す。

二〇二一年度の始業日時点で、全国一八九七の学校（小・中・高・特支）で、二五五八人（〇・三一％）が不足していた。五月一日時点でも、二〇六五人（〇・二五％）の不足

	学校に配置されている教師の数 (A)	学校に配当されている定数 (B)	不足 (C)	不足率 (C/B)	全体の学校数 (D)	教師不足が生じている学校数 (E)	割合 (E/D)
小学校	378,481	379,345	1,218	0.32%	18,991	937	4.9%
中学校	217,856	218,641	868	0.40%	9,324	649	7.0%
小中学校合計	596,337	597,986	2,086	0.35%	28,315	1,586	5.6%
高等学校	159,368	159,576	217	0.14%	3,502	169	4.8%
特別支援学校	78,309	78,517	255	0.32%	1,086	142	13.1%
合　計	834,014	836,079	2,558	0.31%	32,903	1,897	5.8%

図表2-8　公立校における「教師不足」の実態（2021年度始業日時点）
出典：文部科学省「「教師不足」に関する実態調査」2022年1月31日

が確認されたという。

本書は基本的には、教員という労働者が直面している不利益を取り扱っている。労働者として過酷な状況に置かれたのであれば、それだけで十分に問題である。

だがここで付け加えたいのは、公立校における教員の長時間労働はいま、直接的に子供の不利益を生み出している点である。

朝日新聞社の編集委員で教育分野を長く担当してきた氏岡真弓氏は、その著書『先生が足りない』で、次のように警鐘を鳴らしている。

先生がいない——。学校、とくに義務教育の場では、あってはならないことが広がっている。それは、教育を受ける権利が保障されていない事態が広がっているということだ。公教育の崩壊と言っても言い過ぎではない。その被害者が子どもであることは、どんなに強調

しても、し過ぎることはない。（注5）

公立校において教員の長時間労働はいま、子供の目の前に「先生がいない」事態を生み出している。教員の不利益が、いまや子供の不利益に及んでいる。

しかも、先の文科省が示した「二五五八人」という不足数は、「少なくとも」と理解すべきである。

文科省の調査では配置されるべき教員数でいうと、不足分は始業日の時点で〇・三一％であるから、職員室に五〇人の教員がいたとしても不足人数はほぼゼロ人である。現場からは、「うちの学校では、いま三人も休んでいる」といった声を耳にすることさえある。そのズレはどこにあるのか。

文部科学省の定義にある「学校に配置されている教師の数」とは、「各都道府県・指定都市等の教育委員会において学校に配置することとしている教師の数」をいう。すなわち、市町村費の教員の不足数はカウントされていない。市町村が独自に、少人数授業、外国人児童生徒対応、特別支援対応などを目的として雇用してきた教員の欠員までは、考慮されていない。

また四月のスタート時点では教員が確保できていたとしても、年度途中から

注5
氏岡真弓『先生が足りない』岩波書店、2023年、38頁

の産休・育休や病休など予期しない離脱が生じうる。年度途中での欠員補充は、容易ではない。そこで欠員を埋められないままに、学校では現員で無理矢理に日常業務をまわしていく。そこでの欠員数は、四月あるいは五月時点の欠員を調べる文科省の統計には、あがってこない。

さらに現場感覚の問題として、現場で「うちの学校では、いま三人も休んでいる」と語られるときの、その「休み」とは何なのか。仮にその休みの理由が心療内科にかかるような精神的な事情だとしても、通常の年次有給休暇を取得して、数日休むケースがある。詳細は省くが、その先には病気休暇、病気休職の制度もある。たった一日であったとしても、学校はその穴埋めをしないと、日常の授業がまわらない。それが現場感覚での「教師不足」と認識されている可能性がある。

いずれにしても同省が二〇二三年四月に実施した「教師不足への対応等に係るアンケート調査」では、約四割の自治体が、教師不足が前年より悪化したと回答している。教師不足の問題は深刻化するばかりである。

正規採用の抑制と非正規採用への依存

「教師不足」を理解するにあたって、重要な前提がある。それは、教員には国公私立を問わず、非正規採用の教員が一定数含まれていることである。教員という専門職に「非正規」がありうることについて違和感をもつ読者もいるかもしれない。だが今日の学校教育において非正規は不可欠な存在となっている。公立校に焦点を絞り、正規／非正規の区別から、「教師不足」の現状を読み解きたい。

まず正規採用者については、雇用に際して最小限の人数が想定されている。佐久間亜紀氏らの研究（注6）によると、当該自治体においては「過員は最大の事故」である。

ここでいう「過員」とは、実際に必要とされる教員数よりも多く教員を採用してしまうことを指す。教員数は単純にいうと、子供数とそこから算定される学級数によって計算される。

だが、中長期的な少子化の進展は、学級数の減少に帰結する。現在の学級数に合わせて正規採用の教員を雇うと、学級数が減少したときに人

注6
佐久間亜紀・島﨑直人「公立小中学校における教職員未配置の実態とその要因に関する実証的研究――X県の事例分析から」『教育学研究』88巻4号、2021年

数としては正規採用者を余計に雇いつづけることになる。それは、自治体の財政支出に多大な負荷をかける。

そこで教育委員会は、最小限の正規採用者数を想定する。あとは、非正規採用で調整していく。

また佐久間氏らによると、特別支援学級の学級数の予測が困難であることも正規採用の抑制につながっているという。今日、特別支援学級数は年度によって変動の幅が大きく、「児童・生徒の転出等により閉鎖になる可能性のある学級を「常に緊張して見ている」」との教育行政関係者の声が紹介されている。

このようにして、中長期的に確実に必要とされる学級数については、それに応じて正規採用で教員を雇う。だが、学級数が減少すると予測される部分、あるいは学級数の算定が困難な部分については、非正規採用で雇う。

多くの自治体において非正規採用は、正規採用よりも待遇水準が低い。非正規採用のなかでも、フルタイムで働くいわゆる臨時的任用教員は、実質的には正規採用の教員と同等の業務を負担する。しかしながら、賃金等が低めに抑えられる。自治体にとっては、使い勝手がよく、かつ安上がりな労働力であり、こうした背景もあり、非正規への依存度が高まっていく。

非正規採用枠の拡大

今日においては、教室で授業をおこなったり、あるいは担任をもったりしていても、正規ではなく非正規で採用されている者が少なくない。

全国的な傾向でいうと、非正規教員の人数は増加の一途をたどっている。文科省の「教職員定数改善の必要性」（二〇一二年）の資料で増加傾向を確認できるものの、そこでは二〇〇五年度から二〇一二年度までのデータが公開されているのみだ。

図表2-9は、「ゆとりある教育を求め全国の教育条件を調べる会」（事務局長・山﨑洋介氏）が作成したもので、二〇〇七年度から二〇二〇年度までの変化が記されている。日教組が毎年文科省に情報公開請求して入手した資料を、同会が整理したという。公立小中学校の非正規教員数は、二〇〇七年度時点では六万三四九四人であったのが、二〇二〇年度時点では一一万二三五七人と一・八倍も増加していることが確認できる。

これにともない、教員全体に占める非正規採用者の割合も高まっている。「非正規率」の値は、二〇〇七年度では全体の九・四%であったのに対して、二〇二〇年度では一七・〇%にまで増えている。職員室にいる教員のうち、おおよそ六人に一人が非

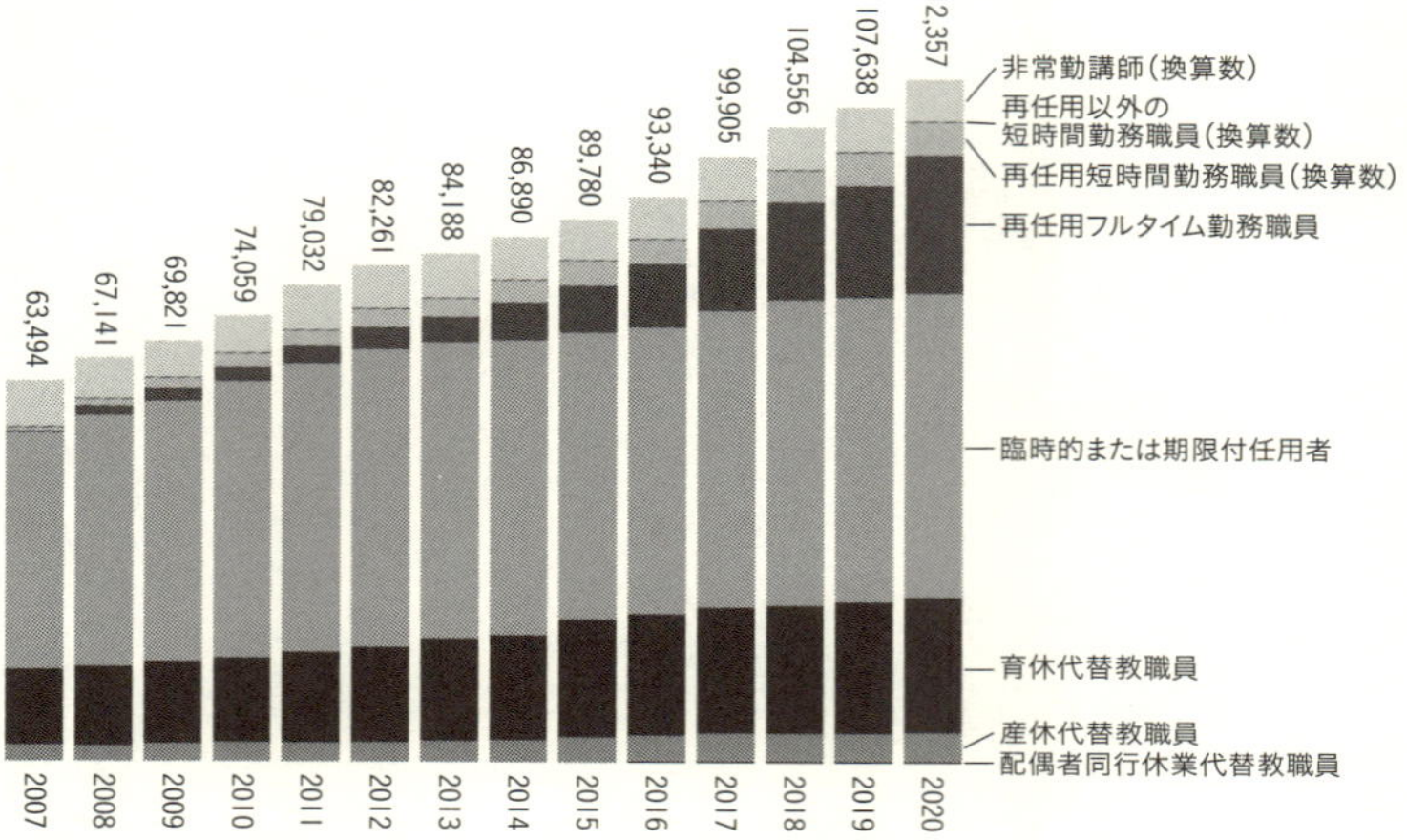

図表2-9　公立小中学校における非正規教員数の推移
出典：ゆとりある教育を求め全国の教育条件を調べる会「教職員実数調査」

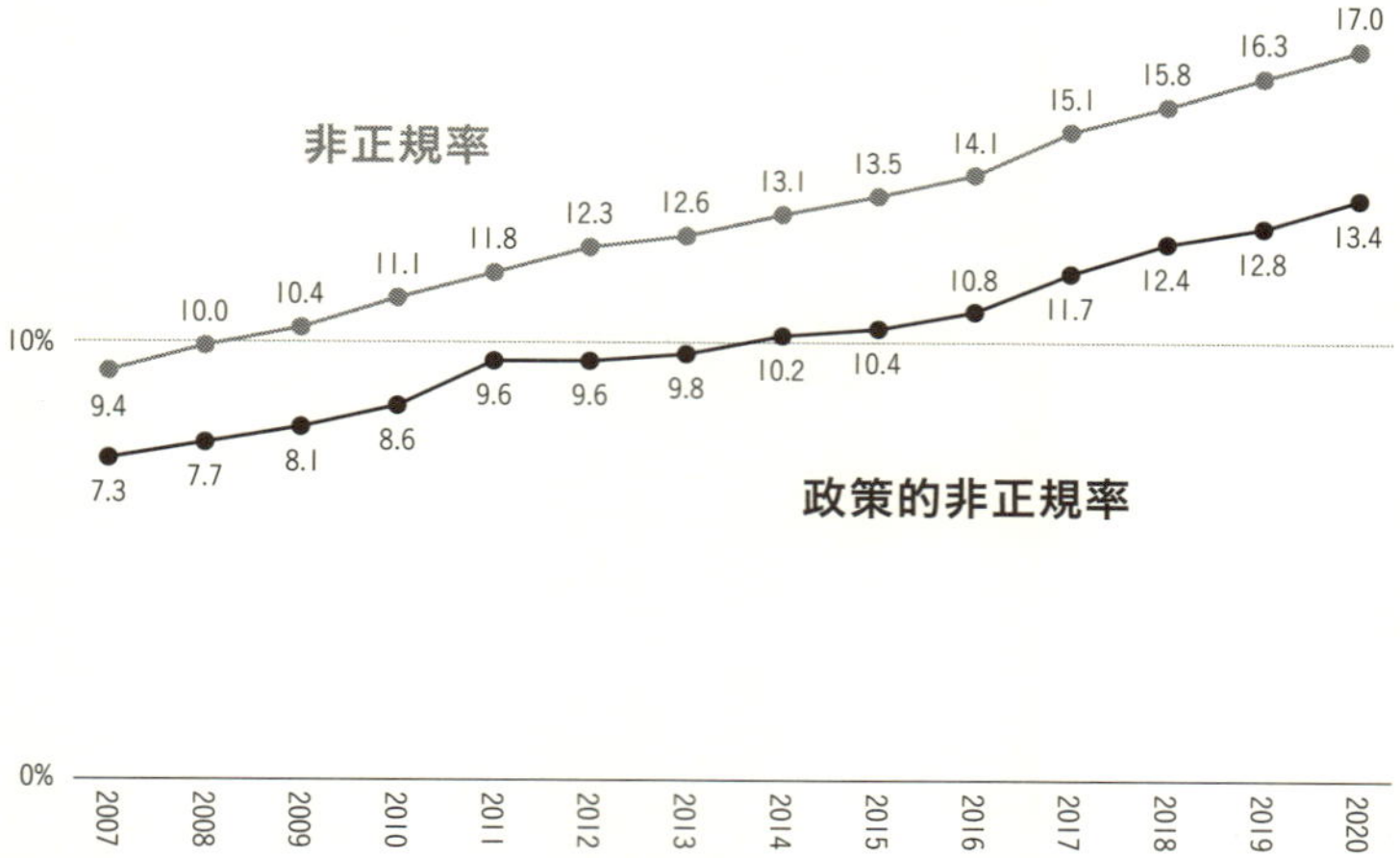

図表2-10　公立小中学校における非正規率の推移
出典：佐藤明彦『非正規教員の研究——「使い捨てられる教師たち」の知られざる実態』時事通信社、2022年

正規採用である。なお、図表2−10中の「政策的非正規」とは、非正規採用者のうち自治体が統制できない産休・育休の代替者数を除いた非正規採用者、すなわち自治体が政策的に統制できる非正規採用者のことを指す。非正規率と同様に、政策的非正規率も上昇しつづけている。

補足までに、同会が整理している各種データとその特長については、佐藤明彦氏によるその名も『非正規教員の研究――「使い捨てられる教師たち」の知られざる実態』に詳しい。この書は、公立校の非正規教員というこれまで光が当てられてこなかった働き方の実情とその背景に、さまざまな統計を用いて真正面から迫った力作である。

非正規採用者が足りない

正規採用にくわえて、非正規採用の雇用があることで、今日の学校教育は運営されている。

さて正規／非正規の区別を踏まえたうえで、「教師不足」とは「採用試験において正規採

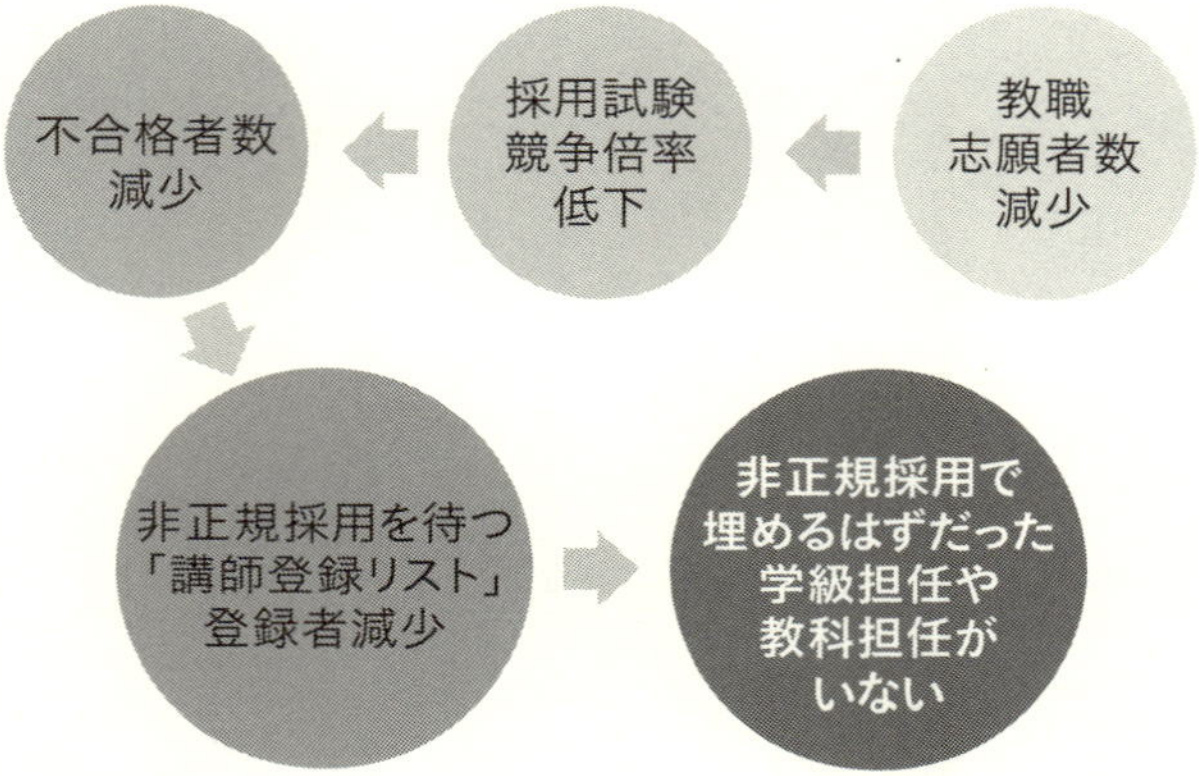

図表2-11　教師不足の直接的な発生機序

用の教員が確保できていない」という意味ではない。

たしかに教員の採用倍率は、低下しつづけている。文科省の発表によると、二〇二三年度に採用された公立校の教員の採用倍率は三・四倍と、過去最低となった。とくに小学校は二・三倍にまで低下しており、五年連続で過去最低を記録している。自治体単位でみると、秋田県と大分県は一・三倍であり、受験者の大多数が合格する広き門となっている。

ただしそれでも、一倍を超えている。すなわち、教員採用試験を受けて正規に採用される教員は、採用試験の時点ではかろうじて確保できている。問題はその先である。

ここで着目しなければならないのが、非正規採用者の存在である。

正規採用の倍率が低いことは、すなわち試験の不合格者数が少ないことを意味する。不合格者は、教職に就きたいと思う限りは、臨時に現場に入る「講師」の候補者として、教育委員会の講師登録リストに名前を連ねる。

ところが不合格者が少ないと、その登録者数が減ってしまう。非正規採用のかたちで現場に入ってくれるはずの人材が枯渇し、非正規採用の枠が埋められないのである。教師不足とは、「非正規採用の教員が確保できていない」事態を指しており、これは先に示した文科省の定義の冒頭にある「臨時的任用教員等の講師の確保ができず」と同義である。

非正規採用枠を拡大し、都合よく人材を使っていく。この構造が結果的に、子供の目の前に先生がいない事態を招いている。

第3章

私立校の賃金と労働時間の問題

今野晴貴

本書で繰り返し述べていることであるが、私立校では公立校に「準じる」かたちで賃金の不払いや長時間労働が正当化されてきた。本章では、私立校に広がる長時間労働と賃金不払い問題の実態について解説していこう。

法律の軽視が続いた末に——関西大学付属の労使紛争

本章の初めに、具体的な事件を紹介していこう。ここで紹介するのは名門私立、関西大学付属の労使紛争だ。二〇一八年四月三日、関西大学付属の小学校・中学校・高等学校に対して、労働基準監督署から労基法違反の是正勧告が出されていたことが報道され、大きな注目を集めた。是正勧告は二〇一七年四月、二〇一八年三月に、二年連続で出されていたという。いったいなぜ、名門私立校で度重なる指導がおこなわれたのか、また、労使紛争はその後どのように展開したのだろうか。

一年で二年分働く超長時間労働

学校法人・関西大学は、大学や大学院以外に、複数の小・中・高等学校の併設校を抱えている。そのなかで大阪府高槻市にあるのが、今回是正勧告を受けた関西大学初等部・中等部・高等部である。

報道によると、労基署の是正勧告の内容は、二〇一七年四月の一回目が、三六協定を締結しない違法な時間外労働（労基法三二条）、毎月の労働時間を賃金台帳に記入していなかったこと（労基法一〇八条）。二〇一八年三月の二回目が、残業代未払い（労基法三七条）、三六協定を締結しない違法な時間外労働（労基法三二条）である。

教員によっては、なんと年間二〇四二時間の残業があったという。平均すると、毎月約一七〇時間残業を一二ヶ月続けていたという計算になる。一般的な労働者の平均所定労働時間が月一七〇時間程度であるから、この教員は一般的な労働者のまるまる二年間分働いていたことになる。厚労省が過労死の危険があるとし、過労死労災認定の基準となっているいわゆる「過労死ライン」は月八〇時間の時間外残業であるから、この数値の二倍を上回ることになる。

報道を受けて、二〇一八年に同校の労働組合関係者にインタビューをしたところ、この年二〇四二時間残業した教員は、時間割作成などを任される教務担当とクラブ活動などに追われて、これほどの超長時間労働になってしまったのだという。また、全体で見ても、一五％以上の教員が過労死ラインを超える残業時間であったという。

さらに、同校では時間外労働の免罰規定である三六協定も締結されていなかった。三六協定が締結されていなければ、法定時間外残業（一日八時間超）をたとえ一分でもおこなえば労働基準法違反となる。しかし、公立校が給特法でこの規定を免除されていることに「準じ」、多くの私立校では三六協定を締結しないまま、青天井で長時間の残業をさせている。今回の事件は、同校の労働組合の取り組みもあり、こうした違法状態にメスがいられた事例だったのだ。なお、後述するように、二〇一九年四月からは労働時間に上限が設けられている。

給特法に「準じる」扱い

この事件で注目すべき点は、事件の発展の推移だ。二〇一七年の是正勧告では三六協定なしの残業だけが問題となっており、残業代未払いについての是正勧告が出ていなかったところ、二〇一八年にはそれが出ているからだ。なぜ、このような経緯をたどったのだろうか。

同校の労働組合によると、同校では「教育職員調整手当」という手当が存在しており、これを残業代であると認識していたという。同校の給与規定は次の通りだった。

第一〇条　教育職員調整手当は、高・中・初等部就業規則第二六条に規定する時間外及び休日勤務に対する手当として、その勤務の多寡にかかわらず、本俸の八%相当額を一律に支給する。

これは、あらかじめ定額の手当を払うという「固定残業代」であると考えられる。しかし、固定残業代が法的に有効とされるためには、その手当が何時間分の残業（および深夜残業）なのかを明記し、手当分を超えて残業した場合にはこれを明確に区別して、追加で支払わなければならない。これらの手続きがとられていない固定残業代はそもそも残業代として認められず、基本給に組み込まれることになる。

その点、この給与規定では、「勤務の多寡にかかわらず」、つまり何時間働いても、定額の手当しか支払わないということを正面から宣言している。このため、同手当は労基署でも固定残業代として認められず、同校では一円も残業代を払っていなかったものとみなされた。後述するように、何時間働いても定額の手当しか払わないという違法状態は、「給特法」に「準じる」私立校の典型例である。

労働時間の記録がないため、残業代未払いを労基署が是正勧告できず

ところが、残業代が払われていなかったにもかかわらず、労基署は二〇一七年には残業代未払いについては是正勧告を出さなかった。その理由が重要だ。実は、同校ではそもそも労働時間をタイムカードなど客観的な方法で記録していなかった。その結果、労働時間の記録が存在しないというのだ。

結局、同校では労基署の指導を受けて、二〇一七年四月から労働時間の把握をするようになったという。さらに、過去の労働時間についてもパソコンのログで把握できることを学校側は認めた。しかし、過去分も含めて残業代の存在を認めず、その後も残業代は支払われなかった。このため、二〇一八年に初めて残業代の未払いを労基署が明確に確認し、かつ是正勧告したというのが事の顚末だったのだ。

労働時間の記録がなければ、長時間労働も残業代未払いも、確認すらできなくなってしまう。次節で見るように、私立校ではこの「出退勤の記録」をつけていないところが多く、

これが労働問題を拡大する重要な要因になっている。労働時間把握を意図的に怠る行為は、私立校に限らず、公立校でも非常に良く見られる実態である。また、「ブラック企業」などと呼ばれる悪質な民間企業でも広く意図的に「残業代削減」のためにおこなわれている脱法行為である。

労基法違反を「開き直る」経営陣

同校には休憩が取れないという問題もあった。労基法では、八時間を超える労働をさせる場合は、一時間の休憩を取らせなければならない。これは給特法でも除外されておらず、公立校の教員にも当てはまる。

実は一回目の二〇一七年四月の時点で、労基署は休憩の不取得（労基法三四条違反）による是正勧告も出していた。労働法では、業務に対応しなければならない時間は休憩時間に当たらないことが明確になっている。たとえば、電話番などの「手待ち時間」は法律上の労働時間に当たる。

同小中学校では、児童・生徒が給食を食べる時間が教員の「休憩」とされていたが、教員は彼らと一緒に給食を食べることになっていた。しかし、子供たちにとっての「食事」

や「休み時間」も、教員からすれば、「手待ち時間」と同じように労働時間にほかならない。このため、法律に定められた一時間の休憩が取れていなかったのだ。

ところが、同校は、給食中・昼休み中の生徒指導については労働でないとして、賃金支払いを拒否した。それどころか、部活動や教材研究さえ労働時間ではないと主張した。

教員の部活動については、同校では選択制ではなく「強制」であり、本人が拒否することはできないという。法律上、これも労働時間であることは明白である。あまりに無理な主張だと言わざるを得ない。組合関係者によれば、こうした主張には労基署の担当監督官も驚きを隠せなかったという。

同校の法律軽視の対応は二〇一七年に是正勧告が出た後も続き、二〇一八年時点に至るまで、過去の残業代未払い分についても時効にかかる二年分のうち半分の一年分（それでも総額九八〇〇万円に及ぶ）しか支払いを認めないうえ、それすら払おうとしなかったため、二〇一八年三月の是正勧告に至っている。

さらに、同校の労働組合によれば、同校は二〇一二年三月にも休憩不取得の労基法違反での是正勧告と、労働時間の把握をしていないことについて改善指導を受けていた。今回は「三回目」だったという。これでは、違法行為を何度指摘されても改善しない、ある種の「居直り」が続いていたと見られても仕方ないだろう。

こうした労基法に対する学校側の軽視を如実に示すのが、同法人の理事長から労働組合に対して送られた、二〇一七年一二月八日付の書面である。印象的な箇所を引用しよう。

> 私立学校には給特法の適用はありませんが、多くの私立学校においても公立準拠の形で現在においても続いています。また、本法人の併設三校においても、長年にわたり定着している方法です。

多くの私立校や同校が給特法の適用がないのに準拠していること、つまり残業代不払いや三六協定のない時間外労働が労基法違反であることを自覚していたということだ。違法であることを知っていながら、長時間労働と残業代不払いを続けていたというわけである。理事長は続く文章で、こうした労務管理が「働き方改革」が叫ばれる社会においては「継続しがたい」という認識を示している。だが、同年四月の労基署の是正勧告については、次のように述べている。

> 今回起こった、過去へ遡及しての超過勤務問題は〔略〕法人としては晴天《ママ》の霹靂であり、突然に別のルールを持ち出された後だしジャンケンを仕掛けられたとの感覚が正

直な思いです。

常識的に考えれば、労基法に従っていないこれまでの私立校の「ルール」こそが、法律と相容れない「別のルール」だろう。とはいえ、後に詳し紹介する多数の労働相談や冒頭のアンケート調査結果からも推察できるように、これこそが、多くの私立校の経営者の現在も抱く「本音」なのではないだろうか。

告発した教員を追い込むために生徒を動員

この事件についてはこれで終わりではない。同校は、労基署に申告した教員Aさん（労働組合の組合員）に対して、自宅待機命令を出したうえ、解雇に踏み切ったのだ。

二〇一七年一〇月下旬、学校は「過去の指導内容に対する調査」を理由として、突然Aさんに無期限の自宅待機命令を出した。このとき、どの指導が問題になったのかは告げられなかった。自宅待機命令から一週間後、保護者会が急遽開かれ、Aさんの指導内容が議題となった。Aさんにとってはまったく身に覚えのない話であった。

こうした「調査」の背後では、学校側の不可解な行動がいくつも確認されている。まず、保護者間には事前に「明日の集会では大げさに言ってください」と依頼するＬＩＮＥのメッセージが出回っていた。一一月下旬には、Ａさんが教科を教えていた中学三年の生徒に対しても、Ａさんの指導に問題がなかったかを回答させるアンケートが一斉に実施された。

一二月下旬と一月上旬には、Ａさんに過去の指導内容に関する学校側の調査が二回おこなわれたが学校側は、問題となった指導内容の詳細な説明や、証拠の開示を、この調査時かたくなに拒否し続けていた。調査後も「生徒への被害防止」という理由で、同校はＡさんの自宅待機命令を解除しなかった。三月中旬の担当学年の生徒の卒業後も「整理の期間がいる」「教育現場に混乱を来たす」など理由を曖昧にさせながら、自宅待機を続けさせた。

こうした「調査」の結果、Ａさんの「問題行為」は、試験の範囲や採点を間違えるなど一一件あるとされた。ところが、このうち七件は懲戒委員会で事実自体が確認されなかった。残り四件についても、組合側によれば、生徒に大きな声で注意するなどの行為があった程度であり、体罰にあたるような行為をしたわけではないという。こうして、二月下旬、懲戒委員会が開かれたものの、Ａさんに対する懲戒解雇が否決された。

それにもかかわらず、三月には規定にない理事会小委員会という組織が新たに発足し、Ａさんの解雇を議論。四月下旬に解雇が通知された。解雇理由は、就業規則の「その職に必要な適格性を欠くと認められるとき」「やむを得ない事由のあるとき」という曖昧な規定を根拠にしており、もはや懲戒解雇ですらない。規定に該当する具体的な理由も挙げられていない。

そもそも、同校では今回まで懲戒委員会が開かれたこともほとんどなかった。部活動顧問が生徒を平手打ちするなど、過去に明らかに体罰や体罰に類する問題が複数発生した事実が確認されているが、口頭注意にとどまるなど、誰もAさんのような懲戒手続きをとられたことはなかったという。

突然のこれまでにない「懲戒委員会」の実施、懲戒事由が不在であること、保護者に出回った「大げさに」というLINEメッセージ……手続きの問題点は多数指摘されている。経緯からすれば、労基署に申告したAさんを「狙い撃ち」で解雇しようとして、無理やり体裁を整えたように見える。自宅待機命令を出してから「問題行動」を調べ始めているのも、最初からAさんの懲戒処分という目的ありきの処分だったからではないだろうか。しかも、それに生徒や保護者まで動員されているのである。

先生の不当解雇のためのアンケート協力を要求された子供たちが、心の傷を負っていないかどうかが気がかりである。

生徒や保護者たちもAさんを応援するビラまきに参加

私立校の労働相談を受けていると、労働問題に疑問をもつ教員を、パワーハラスメントによって押さえつけている学校が少なくない。その点では、関西大学付属校のケースは典型例だろう。残業代の支払いや長時間労働を逃げ切るために、「ブラック企業」さながらに、教員を圧迫する。これでは教育機関として本末転倒である。

しかし残念なことに、労基署の権限では、労基署に通報した労働者を不当な処分から救済するためにできることはほとんどない。今回も労基署は、Aさんの解雇に対して何ら手助けはできてない。では、私学教員は「弾圧」をちらつかせる学校に対してはなすすべがないのだろうか。

その答えは、労働組合で闘うことである。労働組合の活動を理由とした不利益処分は、労働組合法に反する違法行為となる。Aさんも同校の教員の労働組合に加盟して団体交渉に積極的に参加しており、その活動の一環として労基署を利用している。このため、Aさんに対する一連の対応は、労働組合法違反であることは明らかであり、あきらめずに争いさえすれば、学校側が敗北する可能性が極めて高かった。

また、Aさんの解雇からまもなく、学校の門前で解雇の不当を訴えるビラ配布がおこなわれた。ここには卒業生や在校生約一〇名が加わり、「先生のおかげで自分の子供が通えている」と複数の保護者からも激励の声があり、受け取った生徒たちからもインターネットで話題になっていると声をかけられた。

このような支援もあり、その後、Aさんを組織する労働組合は、団体交渉で部活動の労働時間性を認めさせ、自己申告の労働時間管理を廃止させ客観的な労働時間管理を導入させるなど、さまざまな成果を勝ち取っている。Aさん自身の退職についても、二〇二三年九月、組合と本人が納得のいくかたちで和解が成立したという。詳細は公開されていないが、組合側がこの不当な「調査」や解雇を争っていたことを考えれば、学校側がみずからその非を認めたものと推察される。

私立校の残業代不払い・長時間労働問題

私立校に蔓延する労働問題

関西大学付属校の事件は一つの極端な事例に見えるかもしれないが、労働法違反は私立校に蔓延していることがわかっている。また、そこで争う場合には、この例のような事態を教員は覚悟せざるをえず、それゆえに、違法行為が温存されているとみることができるだろう。

第2章で紹介した通り、二〇一七年に実施された私学経営研究会の調査によれば、労基署から、長時間労働や残業代不払いなどで行政指導を受けた私立高校は全国で約二割に上るという。

違法が蔓延する背景には、私立校の大半で公立校の労務管理を踏襲するという慣行がある。公立校の教員たちは、残業代の支払いの対象外とする給特法が適用されるため、労基法が適用されない。その代わりに、「教職調整額」として月給の四％が支払われている。この制度も影響し、長時間労働や無給の部活動指導が「合法」におこなわれ、社会問題となっている。このような公立校の働かせ方が、多くの私立校で「踏襲」されてしまっている実態があるわけだ。

前述の私学経営研究会の調査によれば、私立校の残業代支払いについては、「教職調整額を既払残業代とみなし、その他は一切支給していない」（二四・二％）と「教職調整額＋定額の業務手当を支給している」（二九・四％）となっており、「教職調整手当」を適用する学校については、そのうち六五・七％が給料月額の四％を支給するとしている。公立校の労務管理が強く影響していることをうかがわせるデータである。先の関西大学付属の例も、「八％」ではあるが、まさに、給特法とまったく同じ論理で不払い残業がおこなわれていた。

とはいえ、公務員の不払い残業を「合法化」している特給法は、民間である私学教員へは適用されていない。法律上は、私立校の教員はあくまでも労基法が適用される一般の労働者である。そのため、私立校は、一般の労働者と同じように教員たちへ残業代を支払う義務がある。それにもかかわらず、多くの私立校は、公立校と同じように教員たちを扱い、結果として違法状態が蔓延した状態にある。したがって、関西大学付属でも労基署からたびたび指導を受けることになっていた。

民間における割増賃金の未払い関しては、労基法に刑事罰が規定されている（「六か月以下の懲役又は三〇万円以下の罰金」）。賃金不払いは詐欺や横領と同じく、他人の金品を収奪する行為に他ならない。学校教育機関において、犯罪行為が蔓延しているという事実は到底看過できるものではない。

寄せられる賃金不払いの労働相談

ここで、本書で扱う多くの事例を提供している現場の団体を紹介しておこう。筆者が二〇〇六年に設立したＮＰＯ法人ＰＯＳＳＥはボランティアが中心となり全国の労働相談を無料で受け付け、弁護士や労働組合とも連携して解決にあたっている。その連携先の一つが私学教員ユニオンだ。私学教員ユニオンは首都圏を中心に私立校の教員を組織し、これまで数十校と団体交渉をおこない、数多くの問題解決を実現している。以下に「相談事例」として列挙している事例は断りがない限り両団体に寄せられたものだ。なお、事例は本人が特定されないよう必要に応じて加工を施している。

賃金に関する労働問題は、ＮＰＯ法人ＰＯＳＳＥや私学教員ユニオンに寄せられる労働相談のなかでも顕著である。たとえば、首都圏の私立校に勤務する二〇代の女性教員は、「みなし残業」として、教員手当を定額一万円しか払われていないという。そのため、同校の教員たちは四年で半分くらいが辞めてしまうと訴えている。典型的に公立校の賃金制度を踏襲している職場だといえよう。

ここで登場する「みなし残業」とは、実労働時間とは関係なく一定時間残業したものとみなす、という制度であり、私立校で広く用いられている。しかし、これは労働法上の根拠が存在しておらず、明白な賃金不払いであり、違法行為に該当する。当然、刑事罰の対象ともなる。

一方、近畿地方で勤務する別の二〇代女性教員は、そもそも残業時間が学校で把握されていないことを問題視している。この女性教員の職場では、労働時間は自分自身で個別管理させられており、出勤簿には印鑑を押すだけだという。教職調整額（給料の約五％）があるものの、毎日二時間程度のサービス残業が発生するうえ、休憩時間も取れていないという。

使用者は労働時間を客観的な方法で把握するの義務を負っており、これを怠った場合には、罰則はないものの労基署による是正指導の対象となる。しかし、労働時間管理に関する法令の違反行為も私立校では蔓延しており、私学経営研究会の調査では、「出勤簿に押印（出勤時刻の記録なし）」が六二・七％にも上っている。退勤時刻に関してはそもそも「確認しない」が三二・五％であり、労働時間管理そのものが極めて杜撰である。そして、このような労働時間把握が杜撰であることが、関西大付属の事例で見たように、賃金支払いをさらに困難にするという構図になっていることは、すでに述べたとおりである。

また、これらの相談例では、サービス残業をさせられることや休憩時間が取れていないことを教員は訴えているが、これらも違法行為に当たる。すでに述べたように不払い残業は刑罰付きの違法行為である。休憩時間が取れないことについても、取得できなければ違法行為に該当する。

休憩の取得は決して軽視してはならない。事故や健康被害を防ぐための重要な規定である。学校教育においても教育活動に集中したり、生徒・児童の安全を守るように配慮するためにも、休憩を取り業務に集中できる環境を整えなければならない。法令上も、労基法では六時間を超える勤務については四五分以上、八時間を超える場合には一時間以上の休憩を義務付けており、休憩を与えなかった使用者には六ヶ月以下の懲役または三〇万円以下の罰金が科される。

さらに、私学教員に対しては、求人段階での「偽装」(いわゆる「求人詐欺」(注))も横行しているようだ。たとえば、私たちに相談を寄せた四〇歳男性の教員は、ハローワークで見た求人票の内容と実際の労働条件がまったく違っていたという。時間外労働なし、週休二日、年間休日一二〇日の条件だったが、四月は一〇〇時間超の時間外労働があった。毎日二三時すぎに退勤。週一回の日直があり、水曜は七時半までに出勤しなければならないと訴えている。

その他の賃金関係の労働相談も列挙していこう。目立つのは労働時間管理の杜撰さに加えて「自己研鑽」などを理由に正面から違法行為を正当化しているケースであり、学校側が、自分たちは公立校と同じように「法律上、例外的な存在なのだ」と考えていることがよくわかる。また、この長時間労働が教員の道をあきらめる原因ともなっており、公立校と

注
『求人詐欺』(幻冬舎)では、同様の採用手法が私立校を含む労働市場全体に広がっていることを指摘している。特に、介護、保育など、ケア業界に広がっている。

共通する構図が浮かび上がってくる。

［近畿地方・二〇代・女性］

一年目はみんな九時まで残って勉強していたと言われた。

時間外労働など、その環境で続けられるか自信がなく、将来が不安で、早いうちに辞めて時間外労働のない職種に転職したい。

［東海地方・五〇代・女性］

昼食の時間も教育の一環として教室にいるため、休憩時間が取れない。

残って業務をしていても「自己研鑽」だと言われて残業代は出ない。

［近畿地方・三〇代・男性］

教科主任で自宅での持ち帰りが多い。

食堂に行ってご飯を食べるだけ。休憩時間は二〇分くらいしかとれない。それ以外は授業準備等をしている。

調整手当四％のみ払われる。タイムカードはなく、印鑑で労働時間管理。

［九州地方・三〇代・女性］
ここ四年ほど続けて職員が倒れたりしていることも懸念され（教頭、生徒指導部長、進路指導部長、女性教員）、メンタルヘルス面でも昨年求職を申請した職員もおり、私自身も心療内科にかかる等、心身の不調を生じる教員もおります。

［首都圏・三〇代・男性］
一日三時間くらい残業しているが、残業代も一部のみ支払い。
メニエル病じゃないかと診断されている。投薬治療はしている。逆流性食道炎にもなってしまった。昨年度体調崩して入院した若手の女性教員がいた。

私立校にも「労働時間の上限規制」が設けられたが……？

二〇一八年に成立した「働き方改革関連法」によって、二〇一九年四月から労働時間の上限規制が設けられ、使用者側の労働時間管理の義務づけられることとなった。ところが、POSSEおよび私学教員ユニオンにはそれ以後も、それまでとまったく同じ構図の労働相談が寄せられ続けている。
私立校全体の改善は進んでいないといわざるをえない。

なぜ、私立校で長時間、不払い残業問題が起こるのか？

では、なぜ私立校では長時間、不払い残業がこれほど蔓延し続けているのだろうか。本章の最後に、この点についても考察しておこう。

教員の基本的な労働問題の構図は、公立と私立で共通しているため、その答えの中心は公立と共通する日本の教員の労働環境の特殊性に求めることができるだろう。

日本の教員たちは諸外国と比較したときに職務範囲が非常に広く、校務に関するほとんどあらゆることに関与させられている。教員の仕事は学科の授業や担任、生徒指導だけではなく、保護者対応、ＰＴＡ、部活動や課外活動、その他学校の維持管理業務にまで及び、教員たちを疲弊させている。このような「職務範囲の広さ（無限定性）」が教員の労働問題の重要な原因であることは論をまたないところである。

部活動にせよ、その他の課外活動にせよ、あるいは私生活の指導にせよ、それらが「教育に資する」とされる限りで、教員はかかわりを求められていく。「教育に資する」と思われる範囲に再現はなく、どこまでも彼らの職務範囲は広がり続けている。とりわけ家庭環境が荒廃し、地域関係も稀薄になるなかで、教員がカバーするべきだとされる範囲は極端な拡大を見せているといわれる。

次の相談事例からは、このような教員の労働の特性が労働問題を引き起こしていることがよくわかる。

［首都圏・五〇代・男性］

授業の持ち時間数が多く、負担が大きく疲弊している。週一七時間を担当、うち一五時間は別の内容を教える。一つの授業につき準備で一時間半ほどかかる。

朝七時五分には出勤、定時一六時半、だいたい一七時半ごろに退勤。早めに休んで、朝三時ごろに起床して予習する。授業の合間は副担任の仕事、事務作業、卒業アルバム作成などがあるため、基本的には帰宅後に授業準備をする。

私立校ゆえに生じる問題も

このような公立・私立に共通する労働問題に加え、私立校には私立校であることによる独自の問題も存在する。私立校では、学校の特色を出し生徒を集めるために、部活動に力を入れたり、特進クラスを設置するなど、公立以上に職務が多様になる傾向がある。また、私立校には学校そのものを小中学校などに売り込む営業活動も学校の教員たち自身が担っている。いわば、「市場競争を勝ち抜く」ということが、教員としての仕事にさらに付加されるという構図が存在するということだ。

営業活動の一環として、特に過酷となりがちなのが部活動である。部活動は、私立校の場合には営業上の売りになっている場合もあるからだ。この点は、一般の学校教育とは明確に異なり、私学経営そのものが市場の論理に支配されているということと関わっている。部活動については次章で改めて検討する。

同じように市場の論理は、教員の人件費を削減し、宣伝材料になる新設備の投資に回すといった経営行動が問題となって現れる場合もある。実際に、教員の人件費を削減し教育の質を劣悪化させながら見た目の設備ばかりを充実させたことで労働問題に発展した事例もある。人件費の削減、不適切な利益配分なども、直接的な市場競争に関係しているとみてよいだろう。

市場の競争は、教員たちの直接的な賃金水準の問題ともなっている。労使紛争となった事例のなかには、公立よりも賃金水準が低く、年齢の上昇とともに上がるはずの賃金も経営者の決定で削減され、「年功賃金」すら成立しなくなってしまった学校もある。また、労働相談のなかでは、「過去五年間で残業代が支払われずいたのですが、経営が不安定であり支払えないことは仕方ないものと思っていました」(二〇代・首都圏)と、市場競争の論理から、違法行為の告発をはじめから諦めてしまっているケースも見られた。

また、場合によって理事や管理職の報酬を維持・増額させるために教員や職員の数を絞り込もうとする場合もみられる。これは、公営部門に対しておこなわれた「新自由主義改革」と類似する構図だが、私立校ではより直接的な利害の下におこなわれる。公務の職員削減が財政削減の一環としておこなわれ、直接学校長や教育委員の報酬とは無関係であるのに対し、私立校では経営の成果を理事や管理職、そして一般の教員・職員が分け合うことになる。当然、職員を削減したり、長時間、サービス労働を要求すれば、それだけ余剰が増え、経営幹部層に分配できる余力が増える。私立校は通常、非営利の学校法人に経営されているものの、この構図は民間非営利団体に共通しており、社会福祉法人などにも「理事の報酬のため」にケア職員の賃金を低くとどめてしまう労働問題がよく見られる。

さらに、組織のあり方も公立校と私立校では違いが見られる。公私共通して、学校では校長や教頭といった直接的な業務の指揮系統が硬直的であることがよく問題となっている。私立校では、これに加え学校の経営者である理事・理事長による教育や人事への介入が教育活動を妨げるといった問題が生じていることもある。

特に、校長など管理職や理事・理事長が異様なほどの暴言を吐き、生徒に対してまでも威圧的な行動をとるなど、教育現場にまったくふさわしくない言動も多々見られる。それにもかかわらず、私立校の理事・理事長は、所有者であるオーナー自身であったり、その意向によって選任されており、事実上私立校に対する「所有権」をもっている。校長や管理職の人事を決定するのも理事会である。

そのため、彼らには絶大な影響力があり、教育にふさわしくない言動があったとしても、まず問題にされることはない。理事や管理職には異動や交代も少なく、外部の目にもさらされないため、私学内では異様な慣習や関係が固着・継続してしまいがちである。公立校以上に「独裁」が成立しており、それも「所有関係」という公教育とは異なる私的論理に基づく支配関係に根差していると考えられるのだ。

上下関係が強く、閉鎖的な体質の学校でパワーハラスメントが蔓延しがちであることは以前から知られているが、私立校からの労働相談においては、上記の事情が組み合わさることで、ハラスメントはより先鋭なかたちで現れている。これらパワーハラスメントの問題についても、次章で改めて見ていこう。

第4章

私立校教員の部活動問題・パワーハラスメント

今野晴貴

本章では、私立校の部活動問題とパワーハラスメントの問題について考えていく。前章の末尾で私立校ではその両者に特殊な問題が生じることを述べた。私立校では部活動は営業上重要となり、ハラスメントについても直接・間接の「所有権」を背景に発生している。それらの問題は具体的にどのように現れているのだろうか。

生徒のために、職場環境と教育の質の改善を願って立ち上がった教員たちの闘いの事例を中心に紹介していこう。

私立校の部活動問題

私立校における部活動の実態

すでに第4章で述べてきたように、公立校では基本的に部活動は任意の活動として位置づけられており、教員の指導は労働時間にはあたらないとされている。これに関しても、私立校ではこれを「準用」し、違法状態を生み出している。

私立校における部活動の労働問題を統計的に把握することはできなかったが、事例には枚挙にいとまがない。たとえば、千葉県の東海大学付属浦安高等学校・中等部では、二〇二二年一二月に労働基準監督署から是正勧告を受けている。私学教員ユニオンによると同校では三六協定を超えた違法な残業を教員にさせたうえに、残業代もごく一部しか支払われておらず、典型的な給特法の「準用」による違法状態にあったようだ。

そのうえで、休日などに教員がおこなった部活動の指導に対して賃金を支払っていなかったことについても是正勧告が出されているのである。つまり、労基署は教員による部活動の指導を「労働時間」としてはっきり認定しているということだ。

公立校に比べると、これは大変な違いである。まず、三六協定違反が問題になるということは、そもそも部活動であっても「労働時間」の上限規制に抵触するということを示している。法的に正確に記すと、次のようになる。すなわち、労働基準法は一日八時間、週四〇時間を労働時間の原則的な「上限」としている。三六協定と呼ばれる労使協定を結ぶことで、この原則的な上限を緩和することができるが、それにも月一〇〇時間未満、複数月平均八〇時間、年間七二〇時間という上限がある。したがって、年間を通じて平均すれば六〇時間程度の残業に抑え込まなければならないのである。

仮に平日に毎日二時間の指導をして、土日に三時間の部活動の指導が入ったとすれば、部活動だけで月に五〇時間以上の残業になるだろう。その他の残業を含めれば、この上限に抵触する可能性は高いものとなる。また、そもそも三六協定は使用者と従業員の代表による合意によらなければ締結できない。したがって、教員たちが長時間の残業を認める三六協定にサインしなければ、そもそも一日八時間を超えて働かせることもできない。

また、仮に三六協定が結ばれ、上限規制に反しない範囲で部活動をさせられていたとしても、その場合には法的に正当な対価の支払いが義務づけられている。少なくとも、一日八時間を超えた部分については二五%増しの、休日（週七日目）については三五%増しの、月に六〇時間を超える部分の時間外労働については五〇%増しの時給が支払われなければならない。

さらに、部活動の内容ややり方についても、私立校であれば労働組合を通じて話し合うこともできる。

同校の労基法違反を申告した二〇代の男性教員Aさんは、運動部の顧問を任されていた。平日は朝七時～七時半頃から働き始め、授業終了後に部活動をおこなうことにより、一九～二〇時頃までは拘束される。また、土日も部活動の練習や試合が入り、一日九～一〇時間ほど拘束されて働くこともあった。特に、試合が続く時期などは部活動によって休日がなくなり、一ヶ月に一日しか休むことができない月もあったという。

Aさんは休憩時間も授業準備や学内行事の準備、生徒対応などをおこなっていたため取得できておらず、それも踏まえると、「過労死ライン」(月八〇時間残業)を超える時間外労働をする月が複数あった。その結果、Aさんは精神疾患に陥ってしまい教員を続けることができなくなってしまったという。

Aさんと同じように、私立校の部活動によって健康を害するほどに働いている労働者は少なくない。しかし、私立校における部活動は法的には指揮命令下にある「労働」にほかならず、これに対しては法的に明確な制限が存在し、労使交渉による状況の改善も可能なのである。

教員たちが立ち上がり、部活動を「任意」へ

次に紹介するのは、東洋大牛久中高の事例である。同校では教員が私学教員ユニオンに加入し学校と話し合った結果、教員約一〇〇名全員が部活動顧問への就任が任意となったという。学内で部活動顧問を外れた教員は、大幅な労働時間の短縮が実現し、現在は教育に集中できる環境が整えられている。

部活動顧問の任意制を求めたBさん(三〇代)は、七年前から東洋大牛久中高で働き始めたが、三年目に運動部の部活動顧問に就任したことを契機に過重労働に巻き込まれてい

った。平日は、授業終了後の一六時頃から一九時頃まで三時間ほど、休日も練習試合や大会などが入ったときは、一日中部活動に費やすことが増えていった。二〇一八年に国が出した「部活動ガイドライン」(第4章参照)も、学内では守られていなかった。

部活動の負担によって、Bさんは、授業準備や生徒・保護者対応などの「教員本来の業務」を平日一九時以降や早朝出勤、自宅での持ち帰り残業によってカバーせざるをえなくなり、残業時間は、長い月では厚労省が定める「過労死ライン」(月八〇時間)を超えるようになっていった。Aさんは、教員として最も充実させたい授業や生徒対応などの質が、部活動によって目に見えて下がってしまうことに葛藤を抱えていた。

そして、二〇二一年五月、ついに限界を迎え、Bさんは心療内科で適応障害と診断され、八ヶ月ものあいだ病気休職することになってしまった。

個人の部活動顧問拒否から学校全体の改善を

休職をして徐々に体調が回復したBさんは、SNSなどで教員の働き方や部活動問題、労働法について情報収集をしはじめた。それらを通じて、教員も「労働者」であり、生徒のために無限に働き続ける「聖職者」ではないと、自身の過去の働き方を相対化できていったという。

Bさんは、二〇二二年一月に復職する際に、学校へ部活動顧問を外れることを求める自作の「要望書」を出した。休職明けということも幸いしてか、Bさんの顧問拒否は学校側に受け入れられた。それによって、休職前と比較し週の労働時間は約二〇時間も削減された。Bさんはその時間を授業のスキルを高めたり、余裕を持って生徒や保護者と関わったり、家族や友人と過ごしてリフレッシュすることなどに使った。結果、全体として「教育の質」が劇的に高まったという。

ところが、学内には依然として、部活動によって過重労働に陥っている同僚たちがいた。また、「個人的に」部活動顧問を拒否しても、「ずるい。忙しいなかでなんでお前だけ部活動顧問をやらないのか」という空気感が職場には広がっていた。個人で顧問拒否をしても、その業務は他の教員が担うため、根本的な改善にはつながっていないとBさんは感じた。

そこで、以前からSNSで活動を知っていた私学教員ユニオンへ加入し、学校全体の改善をしようとBさんは決心したという。国の動きを待っているだけでは何もはじまらないと思い、労働組合の仲間と一緒に、状況を打開しようと動き出したのだ。

二〇二二年四月から、学校との話し合いをスタートし、学内の教員全員が部活動顧問の就任が任意となる「労働協約」の締結や教員の増加を学校へ求めた。粘り強い交渉の結果、一〇月末、Bさんと私学教員ユニオンは学内の教員全員が部活動顧問を任意とできる約束を学校と結ぶことができた。

労働組合が使用者と締結する労働協約は、労働組合法によって保護されるものであり、強い拘束力を持つ。国の「ガイドライン」とは違い、労使交渉こそが、実効性を持った改善を実現できるのである。

また、このケースにおける労働協約では「ガイドライン」に記載されている土日に限った地域移行などと異なり、部活動顧問自体を外れることで、職場全員の労働時間の短縮が早期に実現可能となった。これにより、授業やクラス運営など「教員本来の業務」に集中する環境が整い、学校全体として教育の質を向上させる道が開けたという。

顧問拒否への報復禁止や求人票への明記など先駆的な労働協約

同校で締結された労働協約の具体的な内容は、次の通りである。

①学校法人東洋大学は、東洋大学附属牛久中学校・高等学校に所属する教員（以下「教員」という）の部活動顧問への就任を任意とする。また、部活動顧問に就任しない

教員に対して不利益な取り扱いを行わない。

②学校法人東洋大学は、部活動顧問に就いている教員から部活動の負担軽減の求めがあった場合には、部活動指導員を採用する等、部活動顧問の負担を軽減する。

③学校法人東洋大学は、教員募集時に教員の部活動顧問への就任は任意である旨、募集要項に明記する。

①は、部活動顧問は任意となるだけでなく、顧問拒否をしたことへの不利益取り扱い（解雇、降格、嫌がらせなど）の禁止も入っているので、報復を恐れることなく顧問の拒否をすることができる。

②は、教員が部活動顧問を拒否した場合も、学校側が外部の部活動指導員を採用するなどの対策をとるため、急に部活動が廃部になり生徒が路頭に迷うこともない。むしろ、専門性のある部活動指導員ゆえに、未経験の顧問よりも適切な知識や技術を学べたり、部活動内での事故リスクを軽減できるなど、生徒・保護者側の「メリット」もあるだろう。

③は、部活動顧問が任意であるという「お墨付き」が周知されることによって、部活動顧問を拒否したい教員の権利行使が促進されるだろう。また、業界全体が教員不足に苦しむなか、部活動の顧問をせずに「教員の本来の業務」に力を発揮したい「優秀な人材」を

学校として獲得しやすくなる可能性もある。

この労働協約は、教育業界全体の働き方に一石を投じるとともに、労使双方や生徒・保護者にとってもプラス効果の多い内容となっていると評価することができる。部活動の問題も、私立校では労働法が適用されるために、労使交渉によって解決していくことができるということが示された好例である。

パワーハラスメント

パワーハラスメント相談の具体例

私立校教員からのパワーハラスメントの相談は枚挙にいとまがないが、ハラスメント相談窓口の対応が遅いことや、違法行為を正面から認めて開きなおるといったことが特徴的である。かたちだけコンプライアンスを整えていても、運営の閉鎖性・私的性格から機能していないことが推察できる。

たとえば、首都圏に勤務する五〇代の教員は、有休を半日取ったことを理由に呼び出され、「有休取得してはいけない日に取らない」という誓約書を書けと命令されたという。また、首都圏に勤務する四〇代の男性教員は、五年前くらいから教頭に個室に呼び出され、暴言や恫喝を受けている。他の教員も被害に遭っているにもかかわらず、内部のハラスメント委員会の対応が遅く問題が解決しないという。

さらに、東海地方に勤務する三〇代の女性教員は、校長から、「来年度の時短勤務者の勤務時間を全員一律に決めたい」といわれてしまったという。それまで時短勤務者にはそれぞれの希望で勤務時間が設定でき自身も小さい子供がいるため利用していたが、時間が一方的に決められるようになってしまったのだ。これを、三月に言われても四月からすぐに対応することはできない。このようなやり方はマタニティーハラスメントにあたる可能性がある。

さらに、パワーハラスメントの起きる職場では、常態的に長時間労働が強いられているケースが多々見られる。これは民間企業にも共通しており、「無理をさせる学校(企業)ほど、それを抑え込むためにハラスメントも蔓延する」という実態がある。とはいえ、学校の閉鎖的な環境のなかで起こるパワーハラスメントに対しても、労働組合によって状況を改善することができる。そうした事例を見ていこう。

無意味な「朝礼儀式」が教員たちをストライキへ駆り立てた

都内の私立高校である正則学園高校では、二〇一九年一月、教員たちが直接ストライキに訴える行動を起こした。背景には、長時間労働、残業代不払い、非常勤講師の差別待遇に加え、理事長による無意味な「朝礼儀式」への反発があった。

正則学園高校は、東京都千代田区にある一八九六年創立の私立高校である。同校の最大の問題は、厚労省の過労死認定基準である月八〇時間を超える長時間労働を多くの教員がおこなっているという点であった。その結果、教員たちは生徒に対する十分なケアができない状態にあった。

朝六時半頃~夜九時頃まで休憩もなく働き、一日の労働時間は約一四時間半にも及び、帰宅時間が終電間際になる教員もいたという。

また、このような長時間労働に対しては、残業代が適切に支払われていなかった。そもそも、出勤は実際の労働時間でタイムカードを打刻できるが、退勤は、一定の時間で事務職員に勝手に打刻されてしまい、実際の労働時間で打刻ができない仕組みになっていた。

そのうえ、教員たちの正式な同意もないまま、一方的に定期昇給が停止され、ボーナスも減額されていた。そして、近年、学校の経営陣は専任教諭の退職にあたって専任教諭を補充せず、非正規雇用の非常勤講師を増やしていた（非正規雇用については第5章で詳述）。

理事長への朝六時半からの早朝挨拶をストライキ！

このように問題が山積していた同校の職場だが、そのなかでも組合員らが特に許せないことは、法律が守られない、正当な評価や対価がないことに加え、毎朝六時半から始まる理事長への挨拶の慣行だったという。

数十人の教職員全員が理事長室の前の廊下に一列に並び、一人ひとり理事長に挨拶をし、神棚に参拝するという「儀式」である。もしこの早朝の儀式がなければ、授業準備・教材研究や、生徒に向き合ったり、自分の体を休めるなど、さまざまなことに時間を使えるだろう。

この「無益なサービス労働」の強要に対して、組合員の先生たちは我慢の限界を超えたという。そして、理事長への「早朝挨拶の儀式」をストライキすることを決意したのである。この経緯からわかるように、同校の教員たちは、単に自分たちの待遇改善を求めていたのではない。彼らは、早朝挨拶儀式ではなく、生徒のために時間を使いたいのだ。学校を民主化・健全化し、理事長の利益のためではなく、生徒の教育のための学校作りを目指していた。

私立校に限らず、保育や介護といった「利用者」がいる業種では、労働者が「責任感」から劣悪な環境に耐えてしまうことが多い。しかし、結局、長時間労働や残業不払い、細切れ雇用が続けば、「サービスの質」を保つことはできない。

このケースのように、「生徒や利用者」のためを思えばこそ、あるいは学校そのものをよくしたいと思えばこそ、教員たちは「労働法上の権利」を行使すべきだということもできるだろう。

実際に、労働組合法上の権利（そこには「ストライキ」も含まれる）は、企業を一方的に「攻撃するための武器」では決してない。職場のあり方について、労使で「対等」に話し合うための制度なのである。

ストライキの後

このストライキについての報道があった直後、学校法人側は「当学園に関する一部報道等について」と題する声明文を公開した。そこでは「当学園に関する一部報道において指摘を受けておりますが、教職員に対する早朝挨拶の強要をしている事実はありません」という見解が示された。これに教員たちは大きく反発した。
そもそも、約五〇人の教員全員が自由意思で、始業時刻の一時間半も前の六時半に毎朝出勤し、理事長へ挨拶し神棚に参拝するということは常識的にみて考えられないだろう。彼らを組織していた私学教員ユニオンによれば、理事長への早朝挨拶の強要については、多くの証言があったという。

校長から「専任教諭になりたければ朝早く来るしかない、うちの学校はそれが一番の評価だから」と言われた。

寝坊して七時半頃に学校に行った時に校長や教頭から怒られた。その際に「部活動の顧問を外す」とか「部活動の合宿を取りやめる」などと脅かされたりした。

皆が並ぶ理事長室の挨拶が終わった後、一人で挨拶した時に「遅れてすみません。おはようございます」と言ったところ、理事長から「バカ！　アホ！　出てけ！」と言われた。

また、次のような管理職と組合員のやり取りの記録も残っていた。

組合員：（理事長への早朝挨拶は）業務命令じゃないんですね？
校長：だからそうすると、（それを）理事長先生にいうと「じゃあ顧問外せ」（希望する部活動の顧問はさせない）とそういうような話になるんだよ。
組合員：なるほど。そういうこと言うんだったら顧問外せと。
校長：そういう心配が俺にはあるから……。

これらが事実であるとすれば、早朝の理事長への挨拶が強制であり、「業務命令」であったことは明らかだろう。

教員側の反撃〝傘連判状〟の提出

こうしたなかで、私学教員ユニオン側は教員全体の意思を示すために、組合に加入していない教員も含めて署名を集め、二六人の連名で理事長へ提出した。当時の一般教員三八名（専任教諭二〇名、非常勤講師一八名）のうちの三分の二以上の意思が示されたことになる。

署名の内容は、「理事長に挨拶をする行為は強制であった」「今後我々は理事長室へ挨拶に行かない」と主張し、「理事長室へ挨拶しに行くことを求めないこと」「理事長室へ挨拶に行かないことをもってして不利益な取り扱いをしたり、そのようなことを示唆する言動をとらないこと」を要求するものだった。

だが、理事長は、教員らの話を聞こうとせず、「出ていけ」の一点張りだったという。途中から会話に加わった校長に至っては、「出ていきなさい」と連呼し「警告二回目。」「三回目。」「四回目。」と数秒後ごとに叫ぶという異様な対応だったという。

他方で、教員らも、理事長らの強硬な姿勢に負けないように創意工夫をして対抗した。これまで一部の教員が個人的に理事長らに意見をしては、報復され潰されてきた反省を活かし、今回は署名の形式を工夫したのだ。

具体的には、職場の三分の二以上の一般教員が集って署名したうえ、中心より放射状に署名することで誰が最初に署名したかが分からないようにし、個人への攻撃を回避しようしている。

こうした署名を傘連判状《からかされんばんじょう》という。これは、古くは、江戸時代に、農民が一揆を起こす際に首謀者がバレないようにするために採られた方法である。二一世紀の教員たちが、江戸

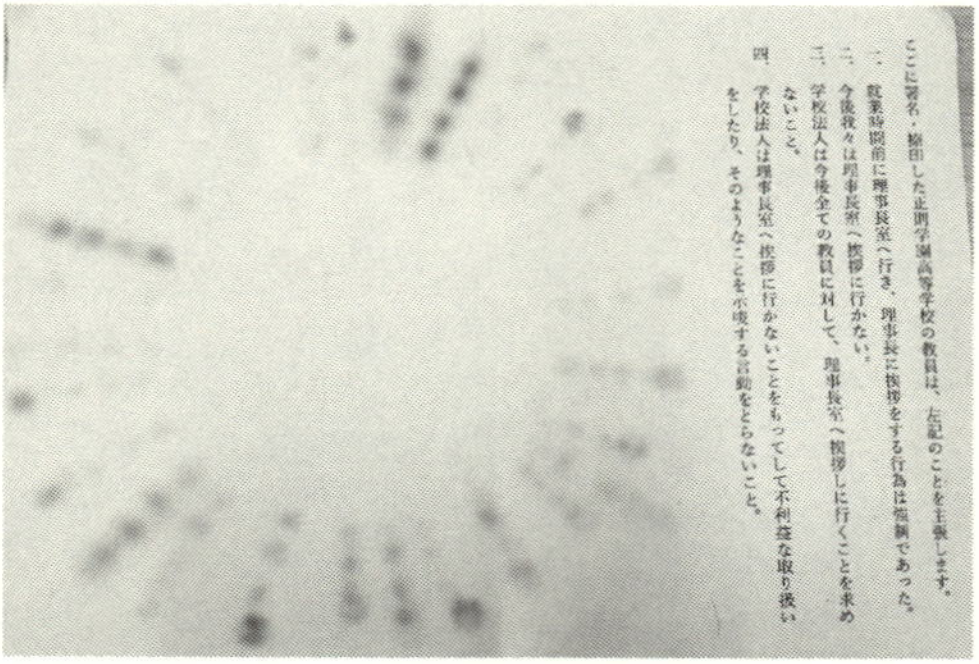

ここに署名・捺印した正則学園高等学校の教員は、左記のことを主張します。
一、就業時間前に理事長室へ行き、理事長に挨拶をする行為は強制であった。
二、今後我々は理事長室へ挨拶に行かない。
三、学校法人は今後全ての教員に対して、理事長室へ挨拶しに行くことを求めないこと。
四、学校法人は理事長室へ挨拶に行かないことをもってして不利益な取り扱いをしたり、そのようなことを示唆する言動をとらないこと。

傘連判状

時代の農民一揆の知恵から学んで、理事長という権力者に対峙したのだ。

当時、私がこの顚末をYahoo!ニュースで報じたところ、非常に大きな反響があった。特に、傘連判状についてはSNS上で「さすが先生たち！」などと好意的な反応が続出した。その他のメディアでもこの事件は広く報道され、学校側には大きな圧力となった。逆に、学校の経営陣に対しては苦情や抗議の電話もあったという。

学校教育は社会の未来を担う人間を育てるためのものであり、すべての人にかかわる。学校としての社会的信頼が失われれば、入学者が減ってしまうことにもつながりかねなかっただろう。

現場の団結と社会的な支持が、学校法人側の態度を変えさせた「勝因」と言えるだろう。その結果、ユニオン側は次の成果を勝ち取ることができたのだ。

●早朝の理事長への挨拶儀式の廃止

● 非正規教員の来年度の雇用延長
● 非正規教員の無期雇用への転換制度の創設
● 非正規教員の私学共済への加入
● 正規教員の減額されていた賞与の過去二年間分の支払い、今後の賞与の全額支払い
● 正規・非正規ともに、不払い残業代の過去二年分の支払い、今後の残業代の全額支払い

労基署に通報した教員は地獄行き!?——文理開成高校の過酷な労働環境

次に紹介するのは、労働法違反告発を押しつぶすために強硬なパワーハラスメントがおこなわれた文理開成高校の事例である(二〇二〇年四月に「鴨川令徳高校」に改称)。報道によれば、二〇一九年三月末、千葉県鴨川市にある文理開成高校の副校長が、生徒の保護者に対して、暴力団に仲間がいると脅したとして、在宅起訴された。

この衝撃的ニュースの背後では、副校長の脅迫問題だけでなく、教員の長時間労働、残業代不払いなどのさまざまな労働問題も発生していた。特に、理事長兼校長(以下、理事長)によるパワーハラスメントは深刻を極めている。

横行するパワーハラスメント

深刻なハラスメントほど外部には出にくいのが現実だが、この事件では、教員たちが「私学教員ユニオン」に加盟し、団体交渉することで、問題の詳細をつかむことができた。その凄惨な内容が、録音データとして公表されている(注)。

この音声は、組合員の教員が労基法違反を労基署へ通報したことを受けて、学校へ労基署から電話が入った翌日の朝会で、理事長が公開で恫喝をしている様子だ。

「人から何かをもらおう。恵んでもらおう。自分の権利を主張して何かお金をもらおう(とすると)、哀れな末路になる」

「人から何かをもらおう、もらおう、もらおう、というような意識で生きたら、それはお釈迦様と全く正反対のことになりますから、当然地獄行きですね。この世でも地獄を味わうでしょう」

違法労働を通報した教員への執拗な報復の一幕である。しかし、問題の音声はこれだけではなかった。別の音声では、理事長がその立場を利用し、傲慢な態度で労働者に対して

「バカ、アホ、マヌケ」と暴言を吐いている。

「あっちに気を遣い、こっちに気を遣い、肝心な俺に気を遣ってねぇじゃねぇかよ全然」

「自分に給料払ってもらってるのが誰なのか、もう一度言ってみろ」

「そうだろうが。ほかの奴がお前に給料払ってんのか。じゃなんでお前に給料払ってる人間に忠誠尽くさねぇんだよ。バカかお前、アホか、マヌケか」

これら録音された音声以外にもハラスメント行為は連日のようにおこなわれていたという。二〇一九年に成立した「パワハラ防止法」では、パワーハラスメントを「業務上必要かつ相当な範囲を超えた」「職場において行われる優越的な関係を背景にした言動」によって「労働者の就業環境が害されること」と定めている。

これらの発言が「業務上必要かつ相当」なものではなく、労働者の就業環境が害されていることは明らかだ。実際に、このようなハラスメントが蔓延しているなかで、メンタル不調など体調を

注
今野晴貴「労基署に通報した教員は地獄行き!? 文理開成高校の過酷な労働環境」Yahoo!ニュース、2019年6月28日 https://news.yahoo.co.jp/expert/articles/56f683aa5fc884b68b1b130b634a65141d43ec7e884b68b1b130b634a65141d43ec7e

崩してしまう教員もいたという。

雑用を教員にやらせて「経費削減」の実態

そもそも、ハラスメント以前に、文理開成高校の教員は多くの労働問題を抱えていた。これは、既に述べたように、ハラスメント体質の職場ではよくみられることだ。「ブラック」な違法労働が繰り返されるなかで、パワーハラスメントによってそれらの告発を抑え込むという構図が発生するわけだ。

同校の場合には、まず、過労死レベルの長時間労働が横行していた。ユニオンに加入をした教員を含め、複数の教員が「過労死ライン」を超えて勤務していた。

教員の業務は授業以外にも多岐にわたっており、それが長時間労働を引き起こす原因となっていた。たとえば、始業前にも生徒からの提出物を受け取ったり、生徒の呼び出し対応などにも応じなければならない。教材研究、補習・受験指導・進路指導があるほか、電話や面談で保護者対応に追われることもある。

さらに、問題の作成や採点、入試説明会への参加、学校回りなどの入試の事務や、夜におこなわれる「経営会議」、寮の管理（朝夜の点呼、消灯、荷物の受け取りなど寮の管理業務全般）も教員たちの仕事なのだ。

そのうえ、学校運営全般の雑務もある。廃品回収へ古紙を出しに行く、学内にイルミネーションをつける、床の張替え、蛍光灯の交換、植木を植える、体育館の屋根を塗るなどだ。

本来、これらのような雑務は教員の仕事ではない。事務員や用務員を雇うべきだと思われるような業務も、教員たちに押しつけられ「経費削減」がおこなわれていたものと考えられる。そもそも教務の範囲が無際限に広がる傾向にある教員に対し、私立校では「学校経営」の枠内で、さらなる責任が課されてしまうケースがあるということだ。

第4章末尾で述べたように、私立校教員の労働問題の背景には営業の余剰を学校の経営幹部層に分配したり、あるいは市場競争に勝ち抜くため、施設や部活動に投資するための原資としようとする動機づけが働いている。そのため、教員に仕事を押し付けることによる「経費削減」は「ブラック」な私立校では頻繁にみられる現象である。

「寮の管理人」まで教員に押し付ける

文理開成高校の場合には、この構図が極端に現れており、学校運営の事務作業に加え、

「寮の管理業務」をも教員が担っていた。これは私立校のなかでも珍しく、それが特に過重労働を深刻化させる原因になっていたという。

寮の管理を任されている教員（組合員の常勤講師二名）は、朝は七時四〇分に全員が寮にいることを確認するための点呼をすることから始まり、生徒たちを学校へ送り出し、全員が学校に行ったのを確認して寮の鍵を閉めて自身らも出勤しなければならない。

学校での業務後、夜も夕飯の支度や風呂の準備の管理、清掃指導などをおこない、全員が寮にいるか確認のための点呼を二一時におこなったうえで、寮の鍵を閉めるなどし、二二時に消灯をする。

消灯後も、生徒がいなくなれば探しに行く、深夜に生徒の具合が悪くなれば病院に付き添うなどはもちろん、寮のブレーカーが落ちた時の対応、寮へのWi-Fiの設置・故障対応、エアコンや洗濯機が壊れたら修理など、寮で何かあれば対応するのは「教員」である。さらには、休日も寮監督である教員の誰かは寮におり、寮生へ送られてきた荷物の受け取りも教員がおこなっていたという。

二四時間気が休まることはなく、明らかに教員としての業務範囲を超えた「管理人」の仕事をやっていたのだ。まさに、教員が「何でも屋」のように扱われていることがわかる。

こんなことばかりやらされていては、たとえハラスメントがなかったとしても、体調を崩したり仕事がつらくなってしまうことだろう。

だまされて採用。生徒のために残る

実際に、教員の残業は最長で月に約一七〇時間に上っていた。これは、実に過労死認定基準の二倍にも及ぶ残業時間であり、いつ倒れてもおかしくない状況だ。しかし、ここまで過酷な長時間労働をしている教員に対して、学校は、残業代も、ボーナスも、その他一切の手当も支払っていなかった。

給与は、総支給額が約二二万円ほどで、手取りだと約一八万円ほどにしかならない。タイムカードも職場になく、労働時間の管理さえ全くなされていなかったという。

では、なぜこの過酷な職場環境に教員たちは耐えてきたのだろうか。その背後には、巧妙なからくりがあった。

まず、そもそも、教員たちは「だまされて」採用されていた。募集要項や採用過程で話に出ていた賃金などの労働条件と、実際に入職した後の労働条件が異なっていたのだ。ひどい場合には、伝えられていた給与よりも実際の給与が一〇万円も低かったり、ある部活動の顧問をやってもらうという約束で応募したところ、その部活動がそもそもなかったりとしたこともあったという。当然、そのような状況がわかった時点で、すぐに退職する教員が多い。

しかし、組合員の教員は、ここで退職してしまうとせっかく担当した生徒の成長を見ることができなくなってしまうという想いや、慕ってくれる生徒がいたことから簡単には辞めようとしなかったのだ。

非常勤講師への一方的な授業コマ数の削減などの問題

この学校の問題はまだある。それは非常勤講師の労働問題だ。ある非常勤講師は、前年度まで週八コマの授業を受け持っていたが、今年度、一方的に授業数を削減されたという。しかも、今年の年明けから複数回、今年度の担当コマ数を増やすように相談をしていたにもかかわらず、何の相談もなく強行され、生活困窮に陥ってしまったという。

そのほか、授業準備やテスト作成、採点業務、採点処理などのさまざまな授業外業務についての対価も、授業に対する賃金しか支払われていないため、不払いとなっていた。なお、非正規教員の労働問題については、第5章で改めて詳述する。

以上のように、苛烈なパワーハラスメントの背後には、長時間労働や本来教員の業務ではないような雑用、寮の管理人業務などの押し付け、そして、非正規雇用を使い捨てにするような労務管理があった。

当然、これらの多くは労働法違反である。だからこそ、その不満を抑え込み、我慢させるために、常軌を逸したハラスメントを繰り返していたものと考えることができるのだ。

当事者たちの想い

このような労働環境のなかで立ち上がった「当事者の声」を紹介したい。理事長による暴言の音声だけでは伝わらない、なまなましい現場の実態を伝えるものだ。

校長は、週に二、三回しか来校しないため、職員の朝の打ち合わせにもほとんど出席しませんが、出席した日は最悪です。学校とはほとんど関係のない話を延々し続け、始業のチャイムが鳴ってもお構いなし。「生徒ファースト」という言葉をよく使う割には自分のことを話し続けます。結局、朝のホームルームに先生が一〇分以上遅れることは当たり前で、生徒にも朝は「おはよう」から始まりたいのに、「ごめん」から始まります。

校長の「これができなければクビだ」、「お前はバカか?アホか?マヌケか?」といった発言は何度聞いたかわかりません。「給料を払っているのは誰だと思っているんだ?俺だろうが!」という言葉で教職員を抑え込むやり方には教職員全員がため息をついています。

このような状況では、教員が退職をしたくなるのも当然で、二、三年でほとんどの先生は退職します。教員にとっても、生徒にとってもより良い学校になるために、団体交渉で闘っていきたいです。

諦めずに「生徒のため」に闘う

その後おこなわれた七月五日の団体交渉では、「バカ・アホ・マヌケ・地獄へ堕ちろ」といった発言について、理事長は「パワハラではない」と譲らなかった。また、寮の監督や部活動の時間も労働時間ではないとの主張も繰り返し、長時間労働や残業代の支払いにも応じようとしなかった。

そのため、組合側は八月二三日、千葉県私学課と千葉私学財団へ改善協力の申し入れに行った。それぞれ三〇分ほど、理事長のパワーハラスメント行為や、労基署から是正勧告が出たこと、そしてその後も勧告に従っていないことについて説明し、行政からも指導をしてもらうよう要請した。

さらに、八月二六日には、厚労省記者クラブにおいて、木更津労基署からの是正勧告について、組合員三名で報告の記者会見をおこなった。残業代不払い（労基法三七条違反）・非常勤講師に対して雇用契約書を渡さない（労基法一五条違反）の二点に対する勧告であったが、その後のメディアの反響は大きいものだった。

その結果、九月一七日で理事長・校長が急遽退任となり、交代した新理事長と団体交渉をすることとなった。新理事長は、バカ・アホ・マヌケ発言について、パワーハラスメントであることをようやく認めた。ただし、時間外労働としておこなっていた寮管理・部活動指導に対しての残業代は認めないままであった。

さらに、一一月の団体交渉では、学校側はついに「部活動と寮管理の時間は労働時間である」という見解を示した。また、非常勤講師の授業準備やテストの採点など、授業以外の業務に対する賃金も払うことになった。そして最終的には、一二月末日をもって双方の合意によって、解決に至った。

解決に至ったとはいえ、労基署が違法行為の是正勧告を出してからも不当な見解に固執した学校の態度は「異様」と言うほかない。それによって、教員たちにはさらなる負担が生じる結果となっていた。もし、彼らが組合に入って継続的に争うことができなかったら、この事件は闇に葬られていたに違いない。

本章で紹介してきたように、労働組合に加入をして闘っている私立校の教員たちは、自身の労働環境改善が生徒の教育環境改善に繋がると確信して、勇気を持って行動を起こしている。長時間労働の改善、対価の支払い、パワハラの撲滅などによってこそ、生徒のために集中し充実した教育実践ができるようになるというのが彼らに共通する思いだ。彼らのように、生徒のためを想い、行動を起こし始めた教員は、徐々に増えてきている。改善を求める教員たちの取り組みはますます大切になるだろう。

第5章

私立校の非正規教員問題と日本の雇用システム

今野晴貴

この一五年ほどで、公立校では教員の非正規化が急激に進められてきた。非正規教員の採用拡大の理由について、複数の教育委員会が①子供の減少に備えての雇用調整、②人件費の節約、③正規採用すると解雇できないなどと回答しており、低賃金・使い捨てが正面から目的とされていることがわかる（注1）。

こうした非正規雇用拡大の結果、現場では教育の「質」が低下したり、教員の育成が難しくなっている。本章で詳しく見ていくように、教員が次々に入れ替わる教室では、持続的な教育が妨げられている。同時に、教員たちは非正規雇用で学校を転々としなければならず、教員としてのキャリア形成もおぼつかない。若者たちは、そもそものような待遇の教員になりたいとも思うはずもなく、公立校では「非正規不足」が教師不足の根本的な原因ともなっている。

実は、私立校では、公立校以上に非正規雇用が広く活用されており、公立校と同じ問題が発生している。ただし、ここでも私立校独自の「営業の論理」が、問題をさらに深刻にしている。

非正規教員については、その種類や仕組みが複雑であるため、先にどのような分類があるのか、またそれに伴ってどのような問題が発生しているのかについて示したうえで、労使紛争となった事例を紹介し、最後に教員全体の「雇用関係」の分析に立ち入ってみよう。

非正規雇用はどのように広がっているのか？

非正規雇用の種類

私立校の非正規教員には三つの種類が存在する。正規雇用は「専任教諭」と呼ばれ、フルタイム勤務で雇用期間の定めもない。賃金も年功賃金が適用されていることが一般的で、いわゆる「普通の正社員」のイメージだ。

これに対し、非正規雇用は、①「常勤講師」（フルタイム・一年更新）、②「非常勤講師」（パートタイム・一年更新）、③「派遣講師」が混在している。それぞれの待遇は学校によって異なっているが、おおよそ共通する特徴は次のようなものだ。

①常勤講師は、クラス担任や部活動の顧問、進路指導部など、専任教諭と同じように学内の校務分掌などを担い、ほとんど正規と「同一労働」をしていることが多い。ただし、常勤講師には一年間の契約期間が定められており、原則として契約更新がおこなわれなければ一年間で解雇（雇止め）される。いわば、「毎年クビになるかもしれない」待遇にある。

また、その給与もいわゆる年功賃金が適用されるわけではなく、月給二〇万円

注1
『読売新聞』2017年6月27日

から高くても三〇万円程度にすぎず、正規雇用との賃金格差は歴然としている。三〇代以上では、同じ仕事をしていながら年収ベースで二倍以上の賃金格差になることもある。

次に、②非常勤講師は原則としてクラス担任や部活顧問などは担当せず、授業を専門に働くいわば「時間講師」である。雇用に関しては、常勤講師と同じように一年ごとの有期契約制になっている。

非常勤講師の給与体系は、一授業五〇分（一コマ）に対して、二〇〇〇円から三〇〇〇円の賃金が払われることが一般的だ。こうした賃金体系は一般的に「コマ給」と呼ばれる。特に美術など専門的な科目で広く使われてきたが、最近では主要科目もコマ単位の教員が担うことが増えている。

③派遣講師は、働き方は非常勤講師と似ているが、契約形態が派遣会社を通じて契約する「間接雇用」にあたる。間接雇用とは、「使用（指揮命令）する者」と「雇用（契約）する者」が異なる労働のことを指す（なお、私立校の現場では業務委託と派遣が混在しており、業務委託の場合には偽装請負という違法行為にあたる）。

要するに、派遣講師は学校に雇われる教員ではないということだ。学校側と派遣会社は「授業一時間あたりいくら」という「コマ（派遣）契約」を結び、講師には派遣会社から「コマ給」が支払われることになる。

非正規教員の広がり

では、非正規教員はどのくらいの広がりを見せているのだろうか。文科省の「学校基本調査」からは、常勤講師と非常勤講師の人数と、その割合を把握することができる。図表5−1からわかるように、私立校の非正規雇用の割合は、全体の四割程度にも及んでいる。また、この表を見ると年々非正規講師の割合が顕著に増加を続けてきたことがわかる。

ただし、コマ単位で働いている非常勤講師の数が多いため、フルタイムの講師の人数に換算した場合には、この割合はあるていど低くなるだろう。とはいえ、非常勤講師も一コマを同じ学校で「週三日、一五コマ」といったかたちで担う場合が多いため、この四割という数値は決して極端なものだと考えることもできない。

派遣講師に関しては、そもそも国が実数を把握・公表していない。労働組合である全国私立学校教職員組合連合（全国私教連）が、二〇一二年九月に加盟する五九〇校の組合員を通じて調査を

	2023		2013		2003		1993		1983		1973	
本務教員（専任教諭）	62,377	62.59%	59,771	62.68%	60,325	65.77%	65,373	66.47%	56,514	71.35%	49,599	71.67%
本務講師（常勤講師）	8,410	8.43%	7,348	7.70%	4,732	5.15%	3,958	4.02%	2,783	3.51%	4,274	6.17%
兼務講師（非常勤講師）	28,862	28.96%	28,233	29.60%	26,657	29.06%	27,015	27.47%	17,921	22.62%	13,353	19.29%
非正規合計	37,272		35,581		31,389		30,973		20,704		17,627	
全合計	99,649		95,352		91,714		98,339		79,201		69,199	

図表5-1 非正規教員の人数と割合　　出典：文部科学省「学校基本調査」各年度

おこない、三一都府県の二六二校から回答を得ている。

この調査結果は、一三都府県の三五校に計一四〇人の派遣講師がおり、私立高校の約一三%が、非常勤講師を派遣や業務委託として使用していることを明らかにしている。また、そのうち二七人は業務委託や請負の契約形態であり、違法状態にあったという。

一方、二〇一二年一一月二〇日に放送されたNHKクローズアップ現代の「広がる〝派遣教師〟教育現場で何が」によれば、二〇一二年当時、すでに教員の派遣会社は都内に五社できており、このうち一社だけでも一〇〇人を超える教員を派遣していたという。また、この数値は三年前(二〇〇九年)の五倍にあたり、当時から派遣講師が急速に拡大していたことがうかがえる。

常勤講師の典型的な労働問題

次に、それぞれの非正規教員の典型的な労働問題について整理していこう。

常勤講師の典型的な労働問題は、第一に、賃金が低すぎる点にある。彼らの一般的な賃金は月給二〇万円程度であり、年収は三〇〇万円程度で昇給もまれな場合が多い。この賃金水準では、将来にわたって働き続けることは難しい。そのため、勤続年数に比例して上昇する「年功賃金」が適用される正社員との賃金格差が問題となっている。

第二に、常勤講師は、非正規雇用であるにもかかわらず、多様な業務への従事が求められ、長時間労働に陥る傾向にある。しかも、給特法の準用や年俸制を導入されることで、正規教員と同じ「定額働かせ放題」の状態に陥るケースも増えている。そもそもの低賃金に加え、正社員並みの働かせ方をさせられるという二重の問題があるわけだ。

さらに第三に、有期雇用であるために、契約の打ち切り（雇止め）が最大の問題となっている。有期契約の継続は基本的に学校側が握っており、非正規雇用は根本的に不安定で、学校の意のままの存在なのだ。

ただし、契約更新に対する合理的な期待が存在する場合以外には、雇用の継続を争うことができる。契約更新に合理的な期待が存在する場合とは、たとえば「基本的に更新されますよ」とか、「非正規からいずれは正社員になれます」などと言われていたような場合だ。

実際には、そうした期待をかけさせることで学校が（だまして）採用し、後から紛争になっている事例が跡を絶たない。「一年かぎりで辞めてもらいます」と言われて応募する教員はいないからだ。そのため、私立校では公立校とは違い、この労働契約法第一九条に定められた「合理的な期待」（期待権）の規定を活用して雇止めを争う余地があるのである。

一方、労働契約法第一八条は、有期契約が「通算五年」を超えて更新された場合には、労働者からの申し出により期間の定めのない無期労働契約へ転換することができるとも定めている。この法律の趣旨は、継続的に必要な業務に従事する労働者なのであれば、しっかりと待遇を長期に改めるように促すというものだ。

ところが、この「無期転換ルール」を脱法するために、三年や四年で雇い止めする学校も跡を絶たない。ひどい場合にはちょうど五年で解雇される。一日でも五年をオーバーしていなければ、無期転換ルールは適用されないからだ。それも、年が明け、年度が終わる直前に急に通告する。教員は楽しみにしていた生徒の卒業式にさえ出ることが許されないこともある。学校側は「いつでも解雇できる状態」に講師たちを置きながら、最大限期待を持たせ、活用したいと考えていることが窺える。

こうして、いまや明日の雇用もわからず、何校もの学校を渡り歩くことが、教員たちの間で一般的になっている。解雇・転職のたびに、教員たちは教育活動の時間を削り、就職活動に時間を割かなければならない。

そのうえ、こうした常勤講師の立場の弱さに付け込み、正規以上に仕事をやらされることや、パワーハラスメントの対象とされることもある。

非常勤講師の典型的な労働問題

非常勤講師の場合も、多くの問題は常勤講師と共通している。

非常勤講師の給与体系は、一コマ二〇〇〇円から三〇〇〇円のため、一見すると時給が高いように見えるが、実際には授業以外にも、授業準備、教材研究、テスト作成・採点など膨大な「付随業務」を任されることが多い。そのため、一授業に対して二〜三倍の準備時間を要することもあり、結果、時給換算では最低賃金を割るケースも多々見受けられる。なかには、後述する事例で見るように、副担任をさせるなど、常勤講師並みに働かせられることもある。

これでは、明らかにその働きに見合った賃金とは言えない。その一方で、待遇面では社会保険さえ未加入になっていることもある。ここに、やはり雇い止めや、その脅しを背景としたパワーハラスメントの問題も発生してくる。

このように、非常勤講師も、幅広い業務に従事しているにもかかわらず、低賃金・低処遇状態におかれ、雇い止めの不安定さもあり、パワーハラスメントの対象ともなっている。

派遣講師の典型的な労働問題

派遣講師は特に、人件費の抑制と「雇用の調節弁」としての活用が進められてきた。前出のＮＨＫクローズアップ現代では、学校側が派遣講師を利用する要因について、解雇しやすいことに加え、給与面でも「非常勤の教師よりも五％から一〇％低くなっている」ことを挙げていた。派遣会社としては、雇用の調整弁のみならず、人件費をも抑制する手段として学校に売り込みをかけているのだろう。

派遣会社に電話をしてお金を払えば、学校側は雇用の責任をいっさいとらず教員を派遣してもらえる。その一方で、解雇する場合には、派遣会社に通告すれば済む。また、その料金も派遣会社間の競争によって直接雇用の非常勤講師以下に抑えられている。

労働者側からすれば、その低い「コマ（派遣）契約」からさらに派遣会社の取り分を引いて支払われるのが、派遣講師の「コマ給」ということになる。私立校の雇用構成のいわば「最末端」に位置づけられ、低賃金・使い捨てが横行する雇用形態だといえる。

以上、非正規雇用の三つの分類と労働問題について概観してきた。いまや、教員としての「キャリアの入口」が非正規雇用となっている。派遣講師の場合には、「派遣で三年、非常勤など学校との非正規契約でさらに六年、そこまで勤め上げなければ専任教諭になるチャンスはない」という現実まで存在する。そのうえ、多くの場合はそうした期待は途中で簡単に裏切られ、解雇されてしまう。

低賃金・使い捨てを絵にかいたような待遇が教育業界に広がるなかで、彼らが教育を支えているのだ。そして、これら非正規教員問題が引き起こす結果は、教育の質の劣化である。次節では、実際に非正規雇用の広がりがどのように教育現場を荒廃させているのか、実態に即して見ていこう。

常勤講師が闘った事例

広範な業務を引き受けた末の雇い止め――京華学園

はじめに紹介する京華《けいか》学園の事例では、「有期専任」として働いているAさんとBさん（ともに三〇代男性）が、私学教員ユニオンに加入し、二〇一九年一月、労使交渉を申し入れた。同校の「有期専任」（一般的に言うところの常勤講師）は、専任（正規雇用）と同じく担任や部活といった学校の基幹的業務を担っているが、契約期間は一年更新の有期雇用契約の扱いである。

求人票はもちろん、入社時、入社後にも、「専任への登用を前提として働いてもらっている」と何度も管理職などから言われ続けてきた。職場には、過労死ラインに近い長時間労働や残業代不払いなどの問題もあったが、専任化の期待を告げられていたため、耐えて働いていたという。

しかし、学校側は、一方的に同年度末で二人を雇い止めすると通知した。二人は、何度も雇い止めの理由を校長に問うたが、校長は「総合的な判断だから」と言うだけで、具体的な理由さえ説明しなかった。

一月一一日の組合の申し入れの際には、雇い止めに遭った二人は、「『来年もよろしくね』と声をかけてくれる生徒たちの気持ちを裏切れない」、「なぜこんな苦しい思いをしなければならないのか」と学校側に訴えたが、理事長は「こんな突然の申し入れは受けられない」と話も聞かずに部屋を去って行き、校長は「弁護士なしに雇い止めの理由は言えないが、これまで通り雇い止めはする」と改めて理由のない雇い止めを強行した。

教育業務の中心として活躍

二人の具体的な授業以外の業務は、専任教諭と同じように幅広いものであったという。次に列挙したように、およそ教育や学校運営のあらゆる業務に従事していた。

- 定時前業務（生徒からの資料提出の受け取り、生徒の呼び出し対応など）
- 授業準備、および授業準備に関わる教材研究
- 生徒対応（補習・受験指導・進路指導など）
- 保護者対応（電話・面談対応など）
- 業務に関わる会議・打ち合わせなど（行事等の検討会議など）
- 登校指導
- 入試事務（入試問題の作成や、採点、入試説明会への参加、学校周りなど）
- 部活動指導（授業後および休日などに、部活動で生徒を指導・監督）
- 昼休み業務（休憩時間を取らずに質問対応、呼び出し対応など）
- 定期テストの作成・採点および成績処理
- 長期休暇中の講習と検定講習など

こうした広範な業務をこなすために、長時間労働、休憩未取得などが生じていたという。

また、タイムカードなどによる労働時間の客観的な把握がなされておらず、出勤簿には、出勤したかどうかのハンコを押すだけだった。そのため、残業代不払いにも陥っていた。

専任教諭と「同じ労働」をしたうえに、このような労働問題が蔓延している。だが、有期雇用という非正規教員の立場ゆえに異議申し立てもすることが困難だった。労働問題を指摘すれば雇い止めされるリスクがあるからだ。

非正規教員たちは、雇い止めへの恐怖から、どんなに理不尽な状況下も「泣き寝入り」をせざるをえない状況に置かれている。京華学園の組合員は、それでも「専任化を前提とする」という言葉を信じて、我慢して働いていたのだ。

❶信頼構築の困難

「使い捨て」が教育を壊す

このような学校業務の中心を担っている非正規教員の使い捨ては、生徒や保護者へも大きな影響を与える。これまで、別の学校でも非正規教員として働いていたBさんは、非正規雇用の教員の雇い止めや、普段から「非正規」として雇っていることで、次のような影響が具体的に生じると考えていた。

非正規雇用の第一の弊害は、教育という「信頼」が重要な場で、その構築が困難になるということだ。これは、致命的な問題であろう。

非正規の教員は生徒から見ても、あの先生は非正規だとか、授業だけ来る先生とみられて、信頼関係が作りづらく、授業や生徒指導などが困難になる場合もある。

同じことは保護者との関係にも言える。

❷教育への集中の困難

第二に、非正規雇用という不安定な身分が、「教育」という重要な仕事に専心することを困難にしている。

非正規の教員は、どこで何を評価されて雇い止めになるかわからないために、常にプレッシャーを感じている。毎回、個々の学校の教育方針や人間関係に合わせていくのに苦労し、それによって体調不良になることもある。

非正規雇用を転々としている教員は多く、彼らは新たな勤務先で、そのつど「伝統」に適用することに心を砕き、周囲との信頼関係も一から作らなければならない。

また、「あの先生に嫌われたら専任化されない」などと言われ、同僚や上司への気遣いに労力を取られることもあり、指導やその準備に集中することができなくなることもあるという。

さらに、具体的に「時間」が制約されることもある。

Bさんは、別の学校で働いていたとき、非常勤講師だけでは食べていけないので、ダブルワークとしてアルバイトをしていたこともあった。夜遅くまで働いて、翌日に一時間目から授業があれば、その内容に影響がないとは言えないだろう。

そのうえ、非正規雇用は定期的な「転職活動」にも時間を取られる。

なお、正規教員の側から見れば、次々と入れ替わる非正規教員に学校の「伝統」を伝えたり、人間関係の構築を図る必要があるため、彼らにも新たな負担を強いることになる。

これらの労力は、教員たちが「教育」に専念することを阻害し、非常に大きな「ムダ」を生み出しているのである。

❸指導への悪影響

そして第三に、これがもっとも重要な点であるが、そもそも生徒の指導に具体的な弊害を引き起こすということだ。

たとえば、担任が突然いなくなってしまえば、生徒が動揺することもある。しかも、生徒への退職の報告は最終登校日などのため、混乱する生徒たちは実際に多いという。

また、次の担任も三月末までわからないことが多く、十分な引き継ぎができないまま退職することもあるため、クラス運営に大きな支障をきたすことになる。

さらに、専任は毎日学校にいるが、非常勤講師はいないので、教科間での打ち合わせができず、専任の授業と非常勤講師の授業の進捗や内容の差が開き、統一感がなくなるという問題も生じる。

部活指導にも悪影響が出る。雇い止めが決まってしまうことで、新しい指導をすることができなくなってしまい（途中で交代となってしまうため）、指導のモチベーションそのものも低下する。

その教員にしかできない部活動を持っていた場合には、いなくなることで「廃部」になることもあるという。

生徒にとっては三年間を打ち込むために入部しているにもかかわらず、教員が雇い止めされたために、その夢が絶たれるということも、実際に起きているのである。

そのうえ、雇い止め通知をされた教員は、転職活動に時間を取られるため、部活動の残された時間に参加することもできなくなってしまう。

彼らが労働組合に加入し、労使交渉に踏み切った背景にはこうした教育の質、ひいては子供たちを守りたいという強い思いがあったのだ。

ストライキへ

紛争の経過に戻ろう。二人は自分たちの雇用継続だけではなく、教育の質を守るためにも、法律で認められた権利である団体交渉の申し入れをおこなっていた。しかし、これに対しても、理事長は組合員の話も聞かず去っていき、校長も雇い止めの理由を回答しないままに改めて雇い止め通告をおこなっている。

また、私学教員ユニオンによると、学校側は雇い止めに対して「そもそも合理的理由を説明する必要さえない」と主張しているという。つまり、「非正規雇用労働者はわざわざ理由など説明せずとも好き勝手に解雇しても良いだろう」というスタンスなのだ。

その根拠として主張しているのは、学校側が二人には「契約更新や正規化の期待を持たせる言動をしていない」ということだ。たしかに、労働契約法第一九条の「雇止め法理」には、「契約更新に合理的な期待が生じているような場合」には雇い止めは無効になると定められており、「期待」が与えられていない場合の法律上の保護は弱いことは事実である。

しかし、すでに述べたように、教員たちの証言によれば、学校側から二人へは、更新（専任化）の期待を持たせるような言動が多々あったという。だからこそ、二人も一方的な雇い止めに納得ができないのだ。

さらにその後も、学園側は組合への回答を一方的に先延ばしにするなどの対応に終始した。労働組合法は使用者側に「交渉の応諾」と「誠実な交渉」を義務づけており、これらは、法律の精神に反する行為である。

話し合いに学校側が応じないまま、雇い止めされる三月末まで時間の猶予がないため、組合員たちは、これもまた「法律で認められた権利」であるストライキをおこなうことを決意したのである。

こうして一月一八日朝、ストライキが決行された。そのストライキの内容は、朝八時一五分〜八時二五分の間におこなっている「登校指導」（登校してくる生徒の見守りや服装チェックなど）をその日だけ、まずはストライキをするというものである。「登校指導」は毎週週二〜三日、教員が複数人で担当している。

もちろん、生徒への不利益が出ることは彼らの望むところではない。そこで二日前の一月一六日にはストライキ通告をおこなうとともに、何か生徒へ問題が起きた場合を想定し、普段登校指導をしている学校前に待機し、何かあればすぐに対応できるような体制を取るなどした。

それでも二人がこのようなストライキをしてまで訴えたかったことは、非正規教員を「使い捨て」にするような学園ではなく、自分たち教員の雇用が安定し、純粋な気持ちで生徒に教育をし続けることができるような学園になって欲しいということだった。

生徒の署名運動も、校長は「何も感じない」

そのようななか、筆者のYahoo!ニュースの記事で二人の雇い止めを知ったと思われる、京華学園の生徒たちが、署名活動を自主的に実施した。雇い止めを通知されている先生に来年度もいてほしいという想いを理事長・校長宛の「署名」というかたちにして、組合員の教員へ提出した。

この署名には、二人が昨年と今年担任を務めた学年の「八六%」、約九割もの生徒が署名している。生徒が集めた署名の内容は次のようなものだ。

「有期雇用の先生に対する不当解雇の解消を求める請願」

京華学園理事長殿

京華商業高等学校校長殿

【請願趣旨】

- 有期専任の教職員に対し、専任への登用を前提として働いてもらっていると有るにもかかわらず、一方的に雇い止めをした件
- 残業代未払いや過労死基準に極めて近い長時間労働を強いられ、専任化の期待を告げられていたため耐えて働いていたのにもかかわらず具体的な説明をせず、雇

い止めをした件

その趣旨から以下のことを請願します。

【請願事項】

•雇い止めをした教員に対して雇い止めを中止し、これまで通り働いてもらうこと

•雇い止めをする場合は正当な理由を提示し了承を得ること

しかし、この署名を生徒から託された非正規教員二人が、団体交渉で学校側へ渡したところ、学校側は署名の受け取りそのものを拒否した。そのうえ、生徒に次のような暴言を投げかけたという。

「全く何も感じない。返す。」

「生徒が書いているかわからない。」

「生徒を巻き込んだ。」

「こんな難しい書面を生徒が作れるはずがない。」

「自主的に作ったと見えない。」

「この場に出すのは失礼。」

「署名に対する評価はゼロ。」
「雇い止めの結論は変わらない。」
「署名を集めた生徒へは学校の判断だからとだけ伝えたらいい。」

ユニオンによれば、今回の署名は、組合員の教員が生徒たちに頼んで署名を集めさせたのでは決してないという。生徒を巻き込むことはできない、生徒だけは守る、これが組合員の教員たちの想いだからだ。

結局、この問題は教員たちが雇い止めの無効と、未払い残業代と手当の差額計約一四〇〇万円を求めて、東京地裁に提訴し和解が成立した。

五年を超えて契約更新を実現した事例も

無期転換を求めて闘い、五年を超えた更新が実現されている事例もある。都内に立地するある有名私立高校でも、「無期転換ルール」を脱法するために、「一年更新・最大五回まで更新」という契約を結ばされていた。

これに対し教員たちが労働組合に入り労使交渉をおこなったところ、五年を超える契約更新を勝ち取ることに成功している。民間においては、法制度の活用に加え、労使交渉によってその水準を超えてまともな労働環境を創り出すことができることを示した好例である。

部活動で労働基準監督署から是正勧告――東海大浦安

常勤講師の過重労働の象徴的な問題が、部活動や担任の業務だ。東海大浦安のCさんが争った事例では、部活動の労働時間が労基署によって認められ是正勧告が出されている。

Cさんは、平均すると平日は七時半頃から二〇時頃まで働いていた。また、休日にも部活動などで終日働く日もあり、月の休日が一～四日しかないことも何度もあったという。休憩も取れておらず、組合側の計算では、残業時間が長い月では八〇時間を超えていた。

Cさんは、大会の引率などで土日も一日中働く日が続いていた。「教師という職業は「これが当たり前」と思い日々の業務に当たっていたが、一ヶ月ほぼ休みがない状況で、気づけば自然と涙が流れて、このまま教師という職業を続けていけるのか不安に思うようになった」と退職に至った経緯を会見で語っている（注2）。

注2
「教員の残業代未払い、東海大学付属中高に是正勧告 「部活でほぼ休みがなく、自然と涙が流れた」」弁護士ドットコムニュース、2023年2月14日 https://www.bengo4.com/c_5/n_15654/

一方で、学校内では担任以外のあらゆる業務に従事しているにもかかわらず、賃金も適切に払われていなかった。時間外労働に対しては、土日に四時間以上業務したら一律四〇〇〇円、それ未満の場合は一律二〇〇〇円という「手当」だけが支払われていた。

このような「定額制」を強いているからこそ、学校側は無際限の指導、特に部活動に教員を低コストで動員することができる。いくら働かせても支払いが生じないため、長時間労働を是正しようともしないという構図が生まれてしまう。公立校では、まさにこれが部活動→長時間労働を生み出す構図であった。これに対して労基署からは、部活動の時間を含め労働時間と認定され、残業代を支払うよう是正勧告が出た。民間である私立校では、こうしたやり方は認められないのだ。

さらに言えば、一律二〇〇〇円といった「手当」は、そもそも法的には残業代とは言えない。最高裁の判例では、固定的に支払われる「手当」が法律上の残業代と認められるためには、時間外労働、深夜労働、休日労働にそれぞれ何時間分充当されたものであるのかを明確にしなければならないとされている（明確区分性の要件）。ざっくりと「手当」を支払っておき、それをあとから「残業代でした」と言っても、民間の労働法では認められないのである。

残念ながら労基署はこの点にまでは踏み込まなかったが、手当の残業代性を無効だと考える組合側の計算では、三二三万四八〇〇円が二〇二〇年以降未払いになっている。「手当」を残業代だとする学校側は、未払いは七五万五一八円だと主張している。最高裁判例通りの判断が適用されれば、かなりの額となることがわかる。結局、この紛争は労使交渉のなかで和解が成立しているが、もし訴訟が提起された場合には組合側の主張が通る可能性も十分にあっただろう。

部活ガイドラインの無視

第3章で述べたように、私立公立を問わず、二〇一八年に文科省は「部活ガイドライン」を策定し、週あたり二日以上の休養日（少なくとも、平日一日以上、土日一日以上）を設けること、また一日あたりの活動時間は、長くとも平日では二時間程度、土日は三時間程度とすることとした。

だが、公立校ばかりでなく、私立校でもこのガイドラインは無視されている。たとえば、埼玉にある私立校に勤めていたDさんは、常勤講師が平日の授業後はもちろん、土日も公式戦や練習試合があるため部活動に参加しなければならなかった。部活動への参加は週六日におよんだ。

他の業務の関係で土日に部活動へ参加できないこともあったが、それに対してもう一人の顧問（先輩教員）から普段の活動予定を伝えない、祝日の部活動への参加を強制されるなどの嫌がらせを受けたこともあったという。

一年目がバレー部、二年目が剣道部、三年目がダンス部を任されたが、どれも未経験の競技で一からルールを学ぶなど、負担が大きかった。同校は野球部は甲子園に出場したこともある強豪校、サッカー部など他の運動部も活躍しており学校としては営業上、部活動を重視していた。Dさんも担当した剣道部などは、「毎日練習」を原則とするほどだが、その負担は非正規雇用にのしかかっている。

その分の給与については、例によって給特法が準用されており、二万円の「教職調整額」を加算するだけで適法な残業代も出ておらず、「定額働かせ放題」であった。これについては、Dさんの告発によって労基署から是正勧告が出されている。

また、すでに国がコロナ禍での部活動のあり方に関するガイドラインを出していたにもかかわらず、それも無視した部活動が蔓延していた。当時、Dさんが担当していたダンス部も週六日の部活動をおこない、生徒三〇人ほどがダンスホールで「密」な状況で活動をしていたという。生徒からは「公立の友人はこんなに部活をやっていないのにうちの学校はなぜやるの？」と疑問を呈されたこともあったほどであった。

結局、Dさんは部活動が大きな負担となり、過労死ラインを超える長時間労働、パワハラなどにより精神疾患を発症し、退職に追い込まれてしまった。その後、私学教員ユニオンに加入し学園と団体交渉をおこなったが、学園は、ガイドライン以上に部活動をおこなっていたことを認める一方、「ガイドラインは私立校にとってはあくまで要請であって、これに必ずしも拘束されない」と主張した。

部活動を売りにする私立校が、ガイドラインやコロナ対策をないがしろにしたうえに、教員の賃金や過労による健康被害を前提に運営していることがよくわかる事例だ。しかも、それを「使い捨て」の非正規に要求しているのである。

非常勤講師

非正規にはタイムカードを打たせず、「定額働かせ放題」
――東海大浦安付属高校・中学校

次に、非常勤講師の待遇を争った事例を紹介していこう。常勤講師についても紹介した東海大学付属浦安高等学校・中等部（以下「東海大浦安」とする）では、発生していた賃金不払いについて、労基署から是正勧告が、二〇二二年一月六日に出されている。

この勧告は、私学教員ユニオンの非常勤講師Dさんによる労基署への通報がきっかけで出されたもので、授業時間以外の授業準備などの「付随業務」に十分な賃金が支払われない「コマ給」が是正の対象とされた。典型的な違法なコマ給問題である。

また、この学校では授業以外にも「少しだけ」賃金が付くことになっていた。一見すると非常勤への配慮のようにも見えるが、この契約が更なる問題を引き起こしていた。

授業は準備等を含めて一回（コマ）あたり六〇分（授業五〇分、準備・片付け各五分）とし、授業に付随する業務（採点、生徒指導、試験問題作成、成績処理等）時間については、一回（コマ）あたり二〇分に換算する。また、教科会議等については出席するものとする。

この契約では、「授業に付随する業務」が特定されておらず「成績処理等」とされており、二〇分の賃金であらゆる関連業務をこなすことが前提になっている。そして、実際にいくら働いてもこれ以上の賃金が支払われることがなかった。まるで「定額働かせ放題」の契約だ。

さらに、東海大浦安では専任教諭や常勤講師（東海大浦安では「特任教諭」という名称）

は「タイムカード」を渡され労働時間の打刻を義務づけていたが、非常勤講師にだけ使わせないようにしていた。

非常勤講師は「出勤簿」というカレンダーのような表にハンコを押すだけであった。それでは実際の労働時間は分からず、出勤したかどうかだけしか分からない。非常勤講師に対してなぜタイムカードを使わせないのか、ユニオンが団体交渉で学校へ問うと、「そういう契約だから」という言葉を学校は繰り返したという。

たしかに、大学なども含め、非常勤講師の管理を「出勤簿」でおこなうことは一般的ではある。しかし、非常勤講師に対し、授業時間外の命令をすることは一般的ではない。学校側は、非常勤講師はコマ給を建前にして、実際には違法な「定額給」(労働時間とは関係なしに一定額の賃金しか支払わない制度)にしていた可能性があるのだ。

学校の時計の写真が労働時間の証拠に

未払い賃金の請求には労働時間の記録が必要だ。しかし、学校側がタイムカードを使わせてくれないため、Dさんは、なんとか工夫して労働時間の記録を作ろうとした。そこで、出退勤の際に、学校の用務員室にある時計をスマートフォンで撮影して残すことにした。

この日は、残業をして二〇時一一分に用務員室の時計を撮影している。この写真ならい

労基署に申告した教員が残していた証拠写真

つどこにいたかを証明する証拠になる。ところが、東海大浦安は、このような証拠資料を提示しても、「実際の勤務時間とは言えない」、「授業がない時間帯におこなっていた授業準備は自己研鑽の時間であった」などと主張し、Dさんが授業外におこなっていた付随業務のごく一部しか労働時間と認めようとはしなかった。また、非常勤講師へのタイムカードの導入を求めても、一向に話は進まなかったという。

やむなくDさんは、労基署へ問題を通報した。その結果、冒頭に紹介した通り、労基署が違法行為を認定し是正勧告を出すに至ったのだ。

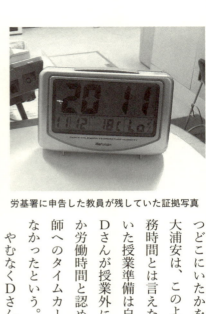

あからさまな「五年上限計画」

非常勤講師の労働問題も低賃金と過重労働、雇い止め問題が典型的な三類型だが、同校では、まさにこれらがそろっており、雇い止めの問題も生じていた。学校側は、団体交渉のなかで労働契約法の無期転換ルールの脱法を正面から認め、「労働契約は最長五年間」であり、これが解雇の理由だと明言していた。最長五年間とする理由について、学校側は、

「労基法」（労働契約法の誤り）に有期雇用契約は五年間を最長とされており、当該「労基法」の定めに従ったものであると説明した。

いうまでもなく、労働契約法の規定は有期雇用契約の上限を五年間とするものではない。むしろ通算契約期間が五年間を超える場合には、無期雇用化して労働者の雇用を安定させようとするものだ。それにもかかわらず、学校側は「有期雇用契約が五年間を超える場合には無期転換をする制度」という趣旨を繰り返したという。

これでは、学校側は「無期転換ルール」について理解しつつ、「無期転換を防ぐ」という脱法の目的のために、有期雇用契約の上限を五年間に設定したということを「自白」していることになる。しかも、この「五年上限ルール」は、労働契約法に無期転換ルールが定められた直後に導入されている。この点からも、脱法の意図がうかがえる。

また、学校側はこうした脱法をおこなう理由について、「どうしても専任教諭の人数やこのようなコマ数の変化などに応じた人員配置が避けられません」、「このように、雇用契約が五年の期間で終了することは、当校での非常勤講師制度の問題であり、雇い止めの理由はこれに尽きます」とも述べている。

要するに、非常勤講師は、生徒数、専任教諭の数、授業のコマ数に応じた、「雇用の調弁」としての役割であると正面から主張しているわけだ。校長の言葉通り、同校の経営は

年度	専任	特任	非常勤講師	非正規割合	非常勤講師割合
2017	55	12	41	49%	38%
2018	52	18	47	56%	40%
2019	50	25	42	57%	36%
2020	47	32	38	60%	32%
2021	45	33	40	62%	34%

図表5-2　東海大浦安の労働力構成
出典：東海大浦安における過去5年の雇用形態別人数・学校側回答書より作成。

まさに非正規雇用に依存した「教員使い捨て経営」になっている。図表5-2は、団体交渉のなかで明らかにされた同校の労働力構成だ。非正規雇用が実に六割を超えている。これは他の私立校に比べても際立って高い割合だ。

この労使紛争は、最終的には和解が成立したが、非正規依存の経営体質が如実にみられる事例である。

この事例からは、非常勤講師の労働問題が、単に違法なコマ給による低賃金の問題に限られず、業務の範囲が無理に広げられ、それにもかかわらず、法律の趣旨も脱法されて適法な賃金も雇用保障もない「使い捨て」の状態におかれていることがわかる。

非正規依存を強めながら、ますます非正規を使い捨て状態におくという非正規問題の本質が露わになっているといえよう。非正規雇用の「低処遇のままの責任拡大」が、常勤のみならず、本来は授業単位のはずの非常勤講師にまで拡張しているとみることもできる。

このような「教師使い捨て」経営で、学校現場が成り立つはずがない。

その一方で、この事例からは、労働者側の工夫と労使交渉で「仕方ない」と思われていた状況を法的に解決していく手段があることも、示されている。この点も常勤講師と同様だ。

最後に、声を上げたD先生は、労働審判に臨むにあたり、次のようにコメントしている。

今回一番お伝えしたいことは、「一人ひとりの教員に、一つひとつの掛けがえの無い人生があるということ」です。将来を担う大切な子供達と関わる教育現場が、非正規雇用の使い回し、昨今の働き方改革の流れに反する長時間労働など、問題が山積みとなっています。

今回の労働審判を通じて、熱い気持ちを持った教員が生徒の為に集中できる環境を整えていきたいです。

非常勤が副担任から進学対策まで……

その他にも、非常勤講師たちの仕事が過酷化・基幹化（戦力化）している事例は枚挙にいとまがない。

すでに労使紛争が解決しているある学校では、一コマに対して約二〇〇〇円が支払われるだけで、授業以外の授業準備・教材研究、試験作成・採点、講習などをおこない一日八時間・週四〇時間近く働いているが、それらの授業外業務に対しては賃金が払われず、社会保険にも加入できていなかった。そのうえ、「副担任」まで非常勤講師が担うという過剰責任問題が生じていた。

また、別のある学校では、進学校で受験実績を求められており、受験対策で非常勤講師が酷使されていた。この学校でも授業準備や教材研究だけではなく、生徒対応（補習・授業調整・質問対応など）、業務に関わる会議・打ち合わせなど、テスト作成・採点、事務作業（添削資料の生徒へのメール送付、印刷作業など多岐にわたる）、持ち帰り残業（特に、昨年は国立二次試験対策の添削など）が非常勤に課されていた。特に国立大学の二次試験対策は過酷だったという。

この学校の非常勤講師は、授業のあとも学園に残り、生徒の課題の添削に一時間以上をかけている。さらにその後、自宅に帰ってからも生徒から画像で送られてきた解答の添削をするのに、一日あたり二時間から三時間を割いていた。できるだけ丁寧に添削しようとすると、たとえば東大対策の添削の場合は、過去問一年分の回答に対して、受け取ってから生徒への添削送信まで約二時間はかかる。

二次試験対策の添削は回数を重ねることと解説することが重要であるため、特に、高二の三学期から始め、一二月以降が対策の佳境になるという。この期間の出勤日（週四日）は毎日この作業に従事した。

だが、これだけ神経と時間をつかう業務に従事していながら、「授業一コマ（五〇分）＋準備時間（三〇分）」を原則とされ、授業時間以外はどれだけ働いても三〇分の賃金しか払われない「定額働かせ放題」の状況に置かれていたのだ。

以上のように、本章では非正規雇用が学校の中心的業務を担うようになってきた実態を見てきた。その一方で非正規雇用待遇も低く、使い捨ての状態に置かれている。しかも、私立校においては、五年の「無期転換ルール」さえ脱法するかたちで非正規雇用の使い捨てがおこなわれているのである。とは言え、繰り返し述べているように、民間においては労働法が適用されるため、不当な低賃金や解雇に対しては争うことができる。詳しくは次の節で見ていこう。

雇用システムの崩壊が教育を破壊する！

日本型雇用システムと正規教員の労働問題

日本の雇用システムと教育

ここまで見てきた教員労働の問題を考えるために、日本全体の雇用のあり方を振り返るところからはじめていこう。

これまで、日本の雇用は正社員を中心としてきた。日本の正社員は他国の働き方とは異なり、職務範囲が広いことが知られている。欧米諸国の場合には、正社員であっても、特定の職務に縛られていることが普通だが、日本の正社員は、いわば「なんでも屋」（ジェネラリスト的）なのである。

個々の社員があらゆることに対応してくれるのであれば、会社としては仕事の増減への柔軟な対応が可能になる。その結果、労働力の需給調整がしやすくなる。たとえば、あの部署に人が必要だから、異動させるといったことができる。そうすれば人員の増減を最小限にすることができるし、経営効率も上がる。

また、柔軟な働き方は、部署の垣根を越えた、より効率的な新しい生産工程を生み出すことにもつながる。当然、さまざまな業務を連結して考えれば、より創造性も増していくことになるし、まったく新しい業務にチャレンジさせることもできる（他国ではこれをおこなうのには社内外で新しい公募をおこなう必要がある）。よく「縦割り行政の弊害」といったことが言われるが、日本の働き方はその正反対だからこそ、世界的に高い競争力を誇ってきたのである。

一方で、労働者側から見ると、柔軟な配置は雇用を守ることにつながる。ある部署で余剰人員が生じたときに、社内で別の部署への異動を通じて雇用が守られることになる。日本の裁判所もこの仕組みを支持しており、配置転換による「解雇回避努力義務」は整理解雇（いわゆるリストラ）の要件として確立している。しかも、頻繁におこなわれる「ジョブローテーション」の過程で社員は部署の垣根を越えた社内教育を通じて広範に能力が上昇する。そして、その上昇した能力が評価されることによって賃金も上昇する。この仕組みを「職能資格制度」という。

このように「労使双方にとって恩恵がある雇用の仕組みが整備されてきた」というのが日本の雇用システムについての教科書的な説明だ。

こうした日本の雇用システムの仕組みは私立校の経営にあてはめて考えれば、専任教諭の柔軟な配置によって生徒数の増減に対応したり、他校にはないオリジナリティを生み出したりすることができるということになる。また、それによって教員の雇用も安定する、ということになろう。

そして事実、日本の教員労働はそのようなジェネラリスト的な側面が公立・私立に共通している。たしかに、「教員」という点で職種は限られているものの、しばしば日本の教員はその垣根を越えた職務を担っている。本来の業務である授業に加え、生徒の進路指導、生活指導、部活動、学校行事、その他、「教育」に関係するあらゆる業務が教員の仕事に含まれている。さらには、入試事務や生徒勧誘の営業活動などが加わることもある。

たしかに、教育活動は製造作業のようにばらばらの分業になじみにくく、人間同士の長期の信頼関係が求められる。授業やホームルームだけではなく、行事、部活動、生活指導とあらゆる現場に同じ教員が張り付くことによって、有機的な教育活動ができる側面があることは事実だ。そのため、教員たち自身からも、教職を「聖職」として捉え、業務の垣根を越えた教育活動は当然視されてきた。

なぜ、教員が「ブラック労働」と呼ばれるのか？

その一方で、「なんでも屋」は、そのぶん仕事がきつくなりがちである。多様な業務に対応しなければならないし、残業が発生すれば少ない人員でその対応に追われることになる。

雇用を維持するためには、常に少人数制度をとり、業務の増減には残業の増減によって対応するという方針が採られる。

この仕組みは、会社への滅私奉公的な働き方を迫られることにもつながる。そもそも、日本の雇用契約書には業務内容も労働時間の制限も記載されていない。そうした契約は「空白の石板」（注3）とさえ呼ばれる。経営効率は高まるが、一人一人の労働者には過酷な仕組みとなりがちなのだ。

実際に、高度経済成長が行き詰まり、省力化・合理化が推進された一九七〇年代から日本の労働時間はうなぎのぼりとなっていき、過労死が国内外で社会問題となった。日本型雇用システムは世界的に見て高い経済パフォーマンスを発揮すると同時に、「過労死」(Karoshi)という言葉を世界語にしてしまった。

能力の上昇が賃金の上昇に結び付く職能資格給も、「どれだけ会社に貢献しているのか」あるいは「貢献する姿勢になっているのか」という意欲・態度が重視されるようになった。社員の貢献は、日本に特有の「査定」という仕組みによって評価される。そこで問われるのはどこまでも会社に貢献しようとする「生活態度」なのであり、仕事の内容そのものではない。態度や姿勢を含む「潜在能力」が評価基準となるなかで、積極的なサービス残業なども

注3
濱口桂一郎『新しい労働社会——雇用システムの再構築へ』岩波新書、2009年

評価ポイントとされた。社員たちは常に全霊を業務に注ぎ込める体制を維持しなければならない。全国の配置転換にも、単身赴任にも、長時間残業にも、常に、準備万端でいなければならない。そうでない者は組織の厄介者とされ、居場所がなくなっていく。日本企業では、ある種の「人格評価」に近いことがおこなわれてきたわけだ。こうして引き出される社員のやる気について、労働社会学者の熊沢誠は「強制された自発性」と表現している。

さらに、近年は「ブラック企業」と呼ばれる、労働者を「使い潰す」ことで利益を上げようとする企業も現れ、社会を震撼させている。「ブラック企業」では、これまで以上に長時間残業を強いる。あまりの過酷な働き方に心身を毀損し若者たちが次々に病気になって辞めていく。実質的に雇用や長期的なキャリアも保障されていない。ところが、どこまで仕事をするべきか明確に定められていない日本の雇用システムのなかでは、「ブラック企業」の異常さになかなか気づけないのである。こうした企業では業績を出させるために恒常的なハラスメント行為がおこなわれていることもあり、過労死・過労鬱も頻発している。苛烈なハラスメントも、業務の限度が明確でないからこそ「もっとできるはずだ」と容易に追い込んでしまえる日本型雇用の特性と密接に関係している。

詳しくは拙著『ブラック企業』（文春新書、二〇一二年）、『ブラック企業2』（文春新書、二〇一五年）を参照していただきたいが、要するに日本型雇用はたしかに経営効率の良い働かせ方であるし、労働者にとっても全く魅力がないものではなかったのだが、業務の量が無限になっていく傾向があり、「ブラック化」してしまう論理をも内包している。過労死ばかりでなく「ブラック企業」問題の背後にも、この日本型の雇用システムがあるということだ。

この点から教員の働き方を再度考えてみると、そこに現れている労働問題は「ブラック企業」と非常に似通った構図となっていることが分かるだろう。専任教諭があらゆる業務をこなすことで学校の業務は円滑に運営され、教育の質も保たれている一方で、人員削減などで教員への要求が過大になっていくと、労働自体が「ブラック化」してしまう。

特に近年はいじめや不登校、家庭の事情の複雑化といった多様な問題が発生している。このことも、教員の職域を際限なく拡大してきた。過労死した教員の労働実態をみると、まさにこうした際限のない職務が特定の教員に集中した結果として生じていることがわかる。

過労死した教員の労働実態

一例を挙げよう。横浜市立中学校の教員であった工藤義男さんが過労死で亡くなったのは二〇〇七年、当時四〇歳だった。義男さんは一九九〇年に神奈川県の中学の保健体育の教員として働き始めたが、仕事の内容はかなり負担の大きいものだった。勤務先の横浜市の中学校では、「保健体育」、「選択」そして「総合的な学習」の授業を受け持ち、二クラスの副担任にもなっていた。さらに、第三学年の学年主任に加えて、生徒指導専任教諭も兼任し不登校やいわゆる問題生徒の対応を任されるだけでなく、これまでプレーしたこともなかったサッカーの部活動指導も担当となった。

部活の朝練から放課後練習まで指導することで、毎朝七時三〇分から早くても一九時まで学校で仕事に追われていたという。さらに、生徒指導の保護者面談は二〇時から始まることも珍しくなく、生徒が警察に補導されれば勤務時間外でも警察まで迎えにいくなど、真夜中まで帰宅できないこともしばしばあった。いじめや保護者対応、生徒の家庭内トラブルからの帰宅拒否など対応が必要なケースが頻発し、それらへの対応に義男さんは奔走していた。

彼の妻で「神奈川過労死等を考える家族の会」代表の工藤祥子さんは、義男さんが「この学校は生徒指導の問題が多すぎて、また問題が起こっても残る先生があまりいないので八時には帰れない」と話していたと証言する。その他にも、進路指導、学年末行事の準備などにも関わっていたほか、休日も部活動の指導で埋まっていた。文字通り、「際限がない」ほどの激務であった。

あらゆる仕事を義男さんが献身的に引き受けることで、学校の教育は保たれていた。当時の校長も「工藤先生が着任し、生徒指導専任教諭を担当されてすぐに生徒が良い方向に変化してきたことを感じました（他の多くの教職員も同じ評価でした）」と述べるなど義男さんの仕事ぶりは上司や同僚だけでなく生徒からも評価されていたことがうかがえる。

しかし、家では亡くなる二ヶ月前ほどから徐々に元気がなくなり、「仕事と責任を引き受け過ぎたようだ。忙しくてどこから手をつけてよいか分からない」と話すなど、身体的、精神的な負担は限界に近い状態になっていたようだ。しかも、家でも授業準備や資料作成などの仕事をおこない、祥子さん曰く「午前三時就寝目標と言っていた」という。

亡くなる二週間前には広島と京都への修学旅行の引率に行き、夜中まで生徒指導や巡回などをおこない、睡眠時間は一日わずか一時間半。修学旅行から帰宅後は体調不良が続き、病院で診てもらおうと医者に行ったが、その病院の待合室で倒れて心肺停止となり、二〇〇七年六月二五日、くも膜下出血で帰らぬ人となった。

遺族の計算によれば、亡くなる直前一ヶ月間の労働時間は三一二時間四五分（うち、残業が一四四時間四五分）と過労死ラインを遥かに超えていた。また、義男さんは平日の帰宅後、授業の資料作成や顧問をしていたサッカー部のチームや選手登録作業などでパソコンを使った事務作業に従事しており、それらの対応が月六四時間分（残業時間をすべて合わせると一ヶ月で二〇八時間四五分）あったと遺族側は主張している。

教員の職務範囲に限界が示されておらず、「生徒のため」にどこまでも広がってしまうことがよくわかるだろう。まさに、日本型雇用システムが「ブラック化」してしまうように、仕事の境界があいまいななかで、教員の労働も過酷化するのである。

私立校の過労死――学校再編に伴う業務で月一二〇時間残業

私立校では、これに民間の法人経営に関係する業務が加わってくる。二〇一八年三月末には、大阪府藤井寺市にある大阪緑涼高校の教頭を務めていたAさん（五三歳男性）が校内で自死する事件が起こっている。

同校はもともと大阪女子短期大学付属高校という女子校で、大阪女子短期大学などの大学、高校、幼稚園を展開する学校法人谷岡学園が六〇年以上にわたり運営してきた（二〇一七年に現行の名称に変更）。同法人は二〇一八年にレスリング部のパワハラ問題が話題となった至学館大学を運営する学校法人至学館とは姉妹法人にあたる。

Aさんは一九九一年に谷岡学園に採用され、数学科の授業を担当しながら二〇一五年度に教頭に就任。それ以降、月曜日から土曜日まで、午前七時半から午後九時ごろまでの勤務が多くなったという。さらに自宅から高校までは車で片道一時間ほどかかっていた。

ただでさえ教頭になって長時間労働が増えたAさんを、少子化を背景とした学校の再編が追い打ちをかけた。

谷岡学園は二〇一七年度で大阪女子短期大学を閉校させ、それに伴って大阪女子短期大学付属高校を緑涼高校に名称変更、一八年度からは男女共学化と、調理師コース・製菓栄養士コースのある調理製菓科の新設を決めていた。

Aさんはこの大仕事を教頭として任され、その準備に追われてますます多忙になっていた。二月の残業時間は月一六〇時間を超え、亡くなる前日までの一ヶ月の残業時間は二一五時間に及んでいた。なお、Aさんには残業代も払われておらず、こうした長時間労働はタイムカードに正確に記録されていなかった。

二月には校長・副校長が他校に異動となってしまい、Aさんが膨大な準備を一手に担うこととなってしまったことが、長時間労働に拍車をかけていた。

しかし、Aさんを追い詰めたのは長時間労働だけではなかった。新年度から就任が内定していた新校長と、事務局長によるプレッシャーがあった。新校長から一日に何度も打ち合わせに呼ばれるなど、「高圧的で必要以上に細かい指摘」を受け、Aさんは会議中に号泣するほどになっていたという。

こうした長時間労働と、パワーハラスメントと言える新校長たちの圧力を受けて、Aさんは家族に「上司が大変」「過労死してしまうかも」と漏らすようになっていた。

そして、三月末の教職員の懇親会に参加した日の夜、妻に「まだ仕事が残ってるから学校に泊まるわ」と電話を残したまま、校内でAさんは亡くなった。懇親会の翌日は新学期前の打ち合わせが予定されており、懇親会中にもAさんは事務局長に「あの書類はできたか」と問い詰められていた。

二〇一八年一一月、Aさんの自死は長時間労働とパワハラによるものであるとして、Aさんの妻が損害賠償の支払いを求めて谷岡学園を相手どり提訴した。彼女は「裁判を起こすことで、学校を変えたい。しっかりと謝罪してほしい」と話しているという。

私立校では過重労働の構図が公立校と共通することに加え、経営上の事情が直接的に過労を生み出しがちであり、経営上の「成果」に駆り立てるためパワーハラスメントが繰り返されやすい。このような傾向も、まさしく民間企業の「ブラック企業」と同様である。

日本の教員は特殊

このような日本型雇用システムに対し、欧米の働き方は大きく異なっている。まず、仕事の範囲は契約によって明確に定められている。教員であれば、教員の仕事にしか従事しないことが基本だ。また、処遇も職務によって決まるため、教員としてのスキルを磨くことがそのまま報酬となる。何でもこなすことを通じて「人格評価」をされる日本の仕組みとは全く異なっている。その違いは、担任制度のあり方にも表れている。

柳治男『〈学級〉の歴史学』（講談社、二〇〇五年）によれば、日本の学校教育は教授活動だけでなく、班活動、委員会活動など生活共同体的性格が強いが、生徒個々人がさまざまな集団に属する。担任制度にしても、日本では一斉教授方式だが、欧米は個別教授や能力別編成であることが多い。また、日本の教員と生徒の関係は、しばしば情的な絆に結ばれた師弟関係が生じるが、欧米では一定の距離を保っており、日本人から見るとややドライな感じだという。教育の機能が分化しており、教員の役割も分業化しているため、教員が生徒のためにあらゆることに奉仕するという関係に陥りにくいというわけだ。

この点は、後述する今後の日本の学校の改革の方向にも関係してくる。部活動を指導する地域のコーチや生徒の心理・生活面をサポートするスクールカウンセラーなど、教育には多様な専門職・アクターが関係しえる。そうした分業体制の構築は、教員の働き方を見直す一つの方向性になるだろう。言い換えれば、教員の働き方を変えることは、「日本の働き方を見直す」こととつながっているということだ。

日本型雇用システムと非正規教員の労働問題

次に、正規教員だけではなく非正規教員の劣悪な処遇もまた、日本型雇用システムと不可分の関係にあるという点を見ていこう。これまで日本の雇用の特徴について、「日本型雇用」ではなく「日本型雇用システム」と表記してきた理由こそが、日本型雇用を成り立たせる不可欠な要素として、正社員の周辺部に非正規雇用が配置されるからなのだ。すなわち、正規―非正規の両者は合わせて一つのシステムを構成している。

非正規雇用は日本型雇用の成立と同時に生み出されたが、特に一九七〇年代の合理化以後、正社員を少人数に絞り込むなかで拡大していった。まず、男性正社員の周辺に「主婦のパート」の労働者たちが大量に配置されるようになっていった。これを皮切りに非正規雇用は「雇用の調節弁」として日本型雇用システムの周辺部に位置づけられるようになった。生産を減少させる局面では、非正規雇用を解雇することで正社員の雇用を守ることができる。解雇しやすい非正規雇用の存在は、正社員の雇用をより盤石にするということだ。

裁判所の判断も両者の関係を補強している。正社員がリストラされる際には、配置転換を追求しなければならないなどの「解雇回避努力義務」が存在する。この点はすでにみたとおりだ。実は、この「解雇回避努力義務」のなかに、非正規雇用の優先的な解雇が含まれているのだ！　ここまで見てきた事例で学校側が非正規教員を「雇用の調節弁」と名指ししていたことも、こうした裁判例・労使慣行が日本社会に根づいているからこそだろう。同時に、非正規雇用は「人件費抑制」の手段ともされてきた。欧米では契約形態が「パート」や「有期雇用」だったとしても、賃金を差別することは許されない。日本とは違い、契約する際には仕事（職務）で賃金が決まる。だから、パートであれば、労働時間の長さに比例して、正社員と同一基準の賃金が支払われる。有期雇用を理由に賃金を低くすることも不可能である。

これに対し、日本ではそもそも年功賃金（職能資格給）から非正規雇用は完全に排除されているため、非正規雇用を採用すると、それだけで賃金カットが可能になってしまう。この賃金の差は、業務内容や能力とはまったく関係がない。日本の非正規雇用が「身分差別」だと言われるゆえんである。実際に、前述の事例でみたように非正規教員たちの給与は、年功処遇とは全く関係のない時間単位のコマ給や、二〇万円～三〇万円程度から上昇しない月給に落とし込まれていた。そうした非正規教員を増やすほど、学校側は人件費を削り、利益を出しやすくなる。

もちろん、これもすでに述べたことだが、学校法人は営利を目的とはしていない。しかし、理事や校長など経営幹部層の報酬を増やすことはできる。かれらの高い報酬を維持することを目的として、非正規教員が拡大されていることが疑われる場合も少なくないのだ。

「雇用のポートフォリオ論」と非正規雇用の基幹化

非正規雇用の活用に関しても、正社員問題が「ブラック企業」へと展開したように、問題が深刻化している。一九九五年に旧日経連が出した「新時代の日本的経営」という有名な経営方針では、これまでの正社員中心の雇用から「長期蓄積能力活用型（従来型正社員）」、「専門能力活用型（高度な専門資格を持つ有期雇用）」、「雇用柔軟型（派遣・契約・パート・アルバイト・嘱託）」へと三分割するとし、これを株式市場の分散投資になぞらえて「雇用のポートフォリオ」と呼んだ。

「雇用のポートフォリオ」を進めていくことで、企業側は多様な労働力を効率よく組み合わせることができるようになり、さらに生産性が上がるとされた。従来型の正社員が中核的な業務を担い、能力の低い非正規社員が低賃金で周辺業務をこなすことで、余分な人材を企業は抱えないで済むということだ。これは「質的柔軟性（正社員）」と「量的柔軟性（非正規）」の組み合わせとも表現される。

一方で、労働者側は非正規雇用を選べることで「仕事の選択肢が増える」、あるいは「正社員までのキャリアアップの道になる」などと言われた。非正規雇用は比較的責任が少ない自由な働き方であり、女性を中心にそうした働き方を望む労働者が多いため、働きたい労働者の働き口が増えるという。つまり、全国転勤や長時間残業が当たり前になっているため、正社員で働けないという人が働きやすくなる、こういう理屈だ。この理屈のもとに、一九八五年に派遣法も制定された。その時の政府の審議会の主要人物は、主に若い女性をターゲットとして派遣労働を増やしていくため、正社員の男性の雇用に影響はないと政策意図を論じている。

ところが、非正規雇用は「女性」に限らずあらゆる年齢の男女に広がっていく。そこで次に労働者側のメリットとして現れた議論は、就職が厳しくなるなかで（それ自体、雇用改革の帰結なのだが）正社員になるためには非正規雇用としてまず採用されることで、企業に信頼され、雇用機会が広がると理論化されていった。これを「トライアル雇用」と言う。

このように「雇用のポートフォリオ」論の下では、労使は「win-win」の関係にありバラ色の世界が生まれるはずだった。犠牲となる範囲は、そもそも家計の主たる担い手ではない女性に限定されており、雇用されるチャンスも広がるのだから、いいことばかりなのだとされていた。

何が起こったのか？

結果として起こったことは、労使ともに「win-win」の関係などではなかった。経営側の本音は、家庭責任に縛られている「主婦パート」だけではなく、若者を含む日本の全労働力を対象として非正規雇用化を進めることで、一気にコスト削減をしたいというところにあったからだ（もちろん、そもそも「主婦パート」の賃金を差別することもおかしいことは言うまでもない）。

事実、その後フルタイム型非正規雇用である契約社員・派遣社員が増加していくことになる。私立校に見られる「常勤講師」がこれにあたる。

同時に、パートに相当する「非常勤講師」のような待遇の労働者を以前よりも重要な戦力とみなし、基幹的な労働力として扱うことで、ますますコスト削減をしようとするようになっていく。つまり、低処遇の非正規雇用であるにもかかわらず、責任も重くなっていったということだ。

この傾向がもっともよく表れているのは学生アルバイトの労働問題、いわゆる「ブラックバイト」問題だろう。二〇一〇年代以降、本来は学業との両立の範囲で就労するはずの学生アルバイトたちが、店舗経営の責任者として動員されてしまい、授業や就職活動を両立できなくなっている。

学生が「バイトリーダー」を任されると、アルバイトであるにもかかわらず、店舗の開け閉めや新規採用の面接、シフトの穴埋め、さらには「営業成績」の責任まで負わされることも珍しくはない。その結果、彼らは単位を落としたり、留年したり、就職できないといった事態に陥ることもある。これらの実態については拙著『ブラックバイト』（岩波新書、二〇一六年）をご覧いただきたいが、程度の差こそあれ、アルバイトが以前とは全くちがった戦力として基幹化されていることは間違いない。

そして、こうした重層的な非正規化とその基幹化によるコスト削減という日本社会の流れと、私立校の非正規問題は軌を一にしている。非常勤講師たちが、一コマ単位の時給制でありながら、進学クラスを受け持つだけではなく、授業を離れたさまざまな業務を押し付けられていく様子は、まさに「ブラックバイト」と同様の構図にあり、学術的には「非正規雇用の基幹化」と呼ばれる事態をよく表している。

トライアル雇用の一般化についても、その結果起こったことは、労働者側の選択肢が増えたわけではなく、正社員になりたくともなれない若者が激増し「就職氷河期世代」が生み出されたことだった。日本中に、非正規雇用を転々としながら「次は正社員になれる」と何度も職を転々とするしかないキャリアが一般化した。そして、「正社員にとにかくなりたい」という気持ちに付け込み、「二四時間三六五日、死ぬまで働け（ワタミ）」と公言するような「ブラック企業」の「名ばかり正社員」（周辺的正社員）へと誘導されていった。

ここでも、教員の世界に同じことが言える。学校側は正規教員を少数に絞り込みながら、常勤講師と非常勤講師を組み合わせ、もっとも「経営効率」が良いように配置できる。その実態は、専任教諭の絞り込みである。そもそも正規教員の採用は減らしているのだから、新しい教員志望者は非正規雇用に志願し、そこでキャリアを作るようにもがくしかない。そうして、非正規雇用を転々として働き続ける教員生活が公立でも私立でも「当たり前」になってしまった。そのうえ、「トライアル期間」だからこそ、専任教諭になれるかもしれないと思うがゆえに、次々に仕事の責任を増やされても我慢するしかない。こうした状況が続いている。

新しい分断線と利益構造

非正規雇用は当初、労働時間が短く（パート）、責任も軽いことが当たり前だった。そのぶん処遇が低くても仕方がないとされてきた（それでも、それは不当な格差だったのだが）。

ところが、今日の非正規雇用と正規雇用の分割線は、明らかにこれまでとは違っている。これについて、労働研究者の禿あや美氏や田中洋子氏は『エッセンシャルワーカー』（旬報社、二〇二三年）のなかで、非正規雇用差別の「新しい正当化の論理」が登場していると指摘している。

パートタイムで「楽」だから、その分賃金が低いという常識はもう通用しない。フルタイムで正社員と同じだけ広い業務をこなし、責任を負って働いていても非正規雇用の賃金は大きく差別される。その時の「正規―非正規」の違いとは、残業や転勤を正社員とまったく同じには引き受けない、という点だけなのだ。

つまり、「残業・転勤するものだけが正社員」、「残業・転勤できないものは非正規」という「人材活用」の二元化という新しいコンセプトが広がっている。実際に、今日の裁判例の水準はこの通りである。二〇二一年に出された最高裁判所の判例によれば、基本給や賞与、退職金といった重要な賃金に対する差別について、正社員と同じ仕事をしていたとしても、転勤の可能性の有無といった雇用管理のあり方が違えば差別してよいという判断をしている。

こうして、もはやフルタイムで働いていようと、幅広い仕事を「ジェネラリスト」のように担っていようと、非正規として圧倒的に賃金を差別することが正当化されるようになった。

ただし、この点については教員の場合には、すこし事情が異なっている。私立校の教員の場合、法人の規模にもよるが、他の学校へ転勤する可能性は低いだろう。この観点から、

第6章では、私立校だからこそ賃金差別にも法律的に争う余地があることを解説していく。

いずれにしても、非正規雇用は多様化・重層化しながら格差を作り出している。それによって、日本企業の利益は大幅に増大したと言われている。小泉改革や安倍政権下の株高を支えた要因も、非正規化の促進による利益確保が大きく貢献していたのだ。二〇〇〇年代当時、金融関係者たちは、より多くのリストラをすることで利益体質を作り出し、それが発表されると急激に株価が上昇していった。買収した企業でリストラを実行させ、株価を釣り上げて売却するというM＆Aの手法も流行した。たとえば、一〇〇〇人削減して非正規に切り替えると発表する。これだけで、株主配当の増加を見込んだ株高が期待できたわけだ。

経済ジャーナリスト小林美希氏も『年収四四三万円』のなかで「ITバブルがはじけた直後、決算説明会で企業がこぞって『当社は非正規社員を増やすことで正社員比率を下げ、利益を出していく』と説明したことに違和感を覚えた」と回想しているが、まさに、そのようにして日本社会は非正規雇用に依存した経済を作り上げてきたのである（注4）。

そして、非正規雇用依存が極まった先に現れたのが、私たちの生活を支えるエッセンシャルワーカーの「労働力不足」である。田中洋子編『エッセンシャルワーカー』に詳しいが、教員だけではなく、介護、保育、配送ドライバー、建設労働者など、非正規雇用や偽装個人事業主が徹底的に安く使われてきた業界では、もはや産業が崩壊するほどの惨状になっている。

そして、劣悪な雇用は労働力不足を生み出しただけではなく、「サービスの質」の劣化にも帰結している。

教育の「質」の劣化

言うまでもなく、エッセンシャルワーク、わけても教育の「質」が劣化することは何よりも避けるべき事態である。だが、長時間労働の蔓延と非正規雇用の使い捨ては、その「教育の質」を直撃している。

前述の事例でみたように、私立校で苛酷な業務を強いられた教員たちはもっと教育に集中したいと考えている。そして、非正規教員たちも、次々に入れ替えられてしまうなかで教育に集中できない状況を変えたいと闘っていた。生徒との関係性や教育の継続性の重要性を考えれば、安定した雇用が何よりも前提とされる。「雇用のポートフォリオ」は経営者にとっては利益を稼ぎ出すための格好の方法だったのかもしれないが、それは労働者を犠牲にしただけではなく、この社会を支えるための労働＝エッセンシャルワークを犠牲

注4
小林美希『年収443万円 —— 安すぎる国の絶望的な生活』講談社現代新書、2022年

にしたのである。

結局、そこには二重の意味で「win-win」など存在しなかった。労使の間でも、企業（学校）と社会の間でも。経営合理性と社会の維持・発展が鋭く対立してきたのが、この三〇年間の日本型雇用システムの展開過程だったのである。

本章を閉じるにあたって、「雇用のポートフォリオ」が教育にもたらした悪影響についてもうすこしだけ述べておこう。

非正規教員の活用は、生徒対応の差別・階層化をも作り出している。二〇一二年一一月二〇日放送のＮＨＫクローズアップ現代「広がる〝派遣教師〟教育現場で何が」では、次のような描写がある。

直接契約の先生は生徒や保護者とのつながりも出ますし、経営の都合だけではなかなか切れない。そういう意味では派遣の先生とは、契約関係は派遣会社での関係なので、言葉は悪いですけど、一つの〝調整弁〟ですね。

一つの学年に三つあるこのクラスは難関大学を目指す特進クラス。専任教諭による授業で固められています。一方、それ以外は一般クラス。派遣や非常勤など一年契約の教師の授業が大半を占めています。中には派遣教師の授業が半分近くを占めるクラスもあります。今の状況をどう見ているのか、この学校の専任教諭から話を聞きました

そして、私立高校の専任教諭は次のように語る。

今、私学は生き残りで、進学率を上げることが一番大きい目標になっていて、特進（クラス）は三年間かけてほぼ同じ教員が面倒をみる。一般のコースの生徒達は、先生が来年いらっしゃるかどうかわからない。一年やってあの先生の授業の教え方に慣れた、でも翌年は違う先生の教え方だとわからなくなっちゃった。これでは一般のクラスの子たちは学力を伸ばすことができない。

利益を上げるために株式購入を最適化するのがポートフォリオだ。これを雇用に応用した「雇用のポートフォリオ」では、正規と非正規の配置を、最も効率よくなるように割り振る。では、その効率とは何なのか？　学校の利益になる進学クラスには質の高い「長期蓄積能力活用型」を、学校にとっての利益に乏しい一般クラスには「雇用柔軟型」を配置する。それが、あけすけに表現した「効率」の中身だろう。

そこで割り振られ、かけられているのは、生徒の可能性と人生そのものだ。「教師のポートフォリオ」の実像のなんと酷薄なことだろうか。

第6章

労働法でこう闘える！

今野晴貴

本書では公立校に対し私立校では労働法が適用されること、そしてすでに多くの私立校の教員たちが労働法の権利を武器に立ち上がっていることを見てきた。とはいえ、私立校全体でみれば、その活用はまだまだ十分とは言えない。

本章では教員たちがどのように労働法の権利を使うことができるのか、さまざまな観点から紹介していくことにしよう。

長時間労働を減らすために法律はどう使える？

三六協定を活用せよ！

はじめに検討するのは法律を使ってどのように労働時間を減らすことができるのかについてだ。

本書のなかでも何度か登場したが、日本の労働法は原則として一日八時間、週四〇時間労働を労働時間の原則として定めている。この原則が守られさえすれば長時間労働問題ははじめから発生しないはずだ。とはいえ、この規定を「空文」のように感じている読者も多いことだろう。実際に、日本の一般の会社ではこの規定とまったく無関係に残業がおこなわれている。

それが可能となっているのは、この労働時間の原則規定に「例外＝抜け道」があるからである。これも最近は巷でよく聞かれるようになった制度だが、使用者は「三六条協定」＝通称「三六協定《サブロク》」という労使協定を労働者の過半数を超える支持を受けた代表者と結ぶことで、労働時間の規制を免れることができる。

この「三六協定」が存在することで、日本の労働時間は事実上の無規制となり労働時間も青天井に伸びていった。大手企業では月間の残業時間の上限を二〇〇時間や三〇〇時間と定めた協定を結ぶことが当たり前におこなわれた。過労死ラインが月八〇時間であることを考えれば、文字通り殺人的な労働時間を「労使協定」で許容していたのである。

これでは日本の労働時間規制にはまったく意味がないと言われても仕方がない。

ただし、このような法律の「抜け道」にも限界がある。労働者側がそこを見定めれば現状の労働時間規制は十分に効果を発揮しえる。

一つ目は、二〇一八年に定められた労働時間の上限規制の存在である。第二に、こちらがより重要だが、「三六協定」を締結する過程に対しても労働者は権利を持っているということである。まず、第一の労働時間の上限規制違反を攻める戦術から見ていこう。

二〇一八年に制定された一連の「働き方改革関連法」において、日本に歴史上はじめて労働時間の上限規制が導入された。労働時間の上限規制とは、先ほどの三六協定で定められる労働時間に上限を設けるということに他ならない。これによって、年間の法定残業時間と休日労働の合計が三六〇時間、月あたりで一〇〇時間、複数月の平均で八〇時間までとされた。

公立校や医療、運輸業界にはこの規制は適用されていない。だが、私立校では一般企業と同じように適用されている。部活動その他の活動も、私立校であれば通常の労働時間として扱われる。それらを加味すると、月平均八〇時間を超えることは珍しくない。まずは、この労働時間の上限規制に違反しているところをついていくことが重要だ。

ただし、この規定は厚労省が過労死のリスクが医学的に明らかだとする「過労死ライン」と同じ水準に設定されている。要するに、そもそもまともな労働時間ではなく、命の危険があるかどうかぎりぎりの水準なのであり、これを守らせることで労働問題が解決するということにはならない。

三六協定をそもそも結ばないという戦術

そこで次に、そもそも三六協定を結ばないという戦術をとることもできる。そもそも、労働者側は三六協定を結ぶ義務はない。過半数の支持を受けた労働者側の代表が「結びません」とはねつければ、三六協定を結ぶことはできない。本当に単純にそれだけなのだ。それで業務に混乱が起きるかどうかなどを労働者側が心配したり、責任を負う法律上の義務は一切ない。残業できないことで何かトラブルが生じたとしても、あくまでも一日八時間、週四〇時間が法律の原則なのだから、それで運営できない会社側が法律的に一〇〇%の責任を負うことになる。

では、三六協定の代表者はどう選出するのか。行政の通達によれば、労働側の過半数の代表者の選出方法については「使用者の指名等その意向に沿って選出するようなものであってはならず、かつ、当該事業場の過半数の労働者がその者を支持していると認められる民主的な手続が採られていること、すなわち、労働者の投票、挙手等の方法により選出されること」（注1）とされている。

現実の社会では社長の親戚や、社員のなかでも使用者に気に入られている労働者が過半数代表者として、会社にお膳立てされるかたちで選出されることが多い。「これ書いておいて」と会社が選んだ労働者代表への信任書に、上司から署名を求めてくるような職場もある。だが、そうしたやり方は法律に

注1
「改正労働基準法の施行について」基発第1号・婦発第1号、1988年1月1日

反した選び方なのだ。

この労働者側の過半数代表者は、事業所ごとに選出されなければならず、三六協定の単位も事業所ごとだ。私立校で言えば、学校法人の傘下のすべての学校の代表を選出するわけではなく、学校ごとに選出され労使協定を結ばなければならない。そして、選出する母集団には非正規雇用の教員もすべて含まれる。

たとえば、五〇人の教員で運営する学校であれば、仮に管理職が五人として、これを抜いた四五人が母集団となる。そのうち二三人の信認があれば過半数代表者となれる。これは全員が投票した場合だから、立候補者は、現実にはもっと少ない得票で労働者側の代表者として選任されることができる。

そして、非正規雇用と正規雇用は法的に対等だから、たとえば二〇人が非正規雇用であれば、その非正規雇用二〇人に加えて、三人の専任教諭の投票を獲得することでも、三六協定の代表になることができる。もちろん、非正規教員が代表者となることもできる。

当然、代表者に立候補したことを理由に不利益な取り扱いをすることも禁止されている。三六協定の代表者を学校の「改革派」にすることは、実はかなり現実的なのだ。

では、労働時間を短くしようとする過半数代表者が選出されて、三六協定の締結ができなくなったら学校はどうなるのだろうか？

三六協定の法的効果については「免罰規定」としての性質を持つと言われており、要するに、三六協定を結ぶことで法定労働時間を超えて働かせても国から罰を受けなくてすむということだ。逆にいえば、三六協定を結ばなければ、法定労働時間をこえて働かせることはできず、ほとんどの残業が違法となり国による刑事罰の対象となる。ここが、法律上のポイントだ。

この規定に違反した場合には、使用者は「六ヶ月以下の懲役または三〇万円以下の罰金」の刑罰を受ける可能性がある。つまり、残業代や賠償金を支払うといった民事上の責任問題にとどまらず、刑事罰の対象となる。労働基準監督署の是正勧告を無視し続ければ、原理的には本当に理事や校長が逮捕される事態にもなり得る。

国による物理的な強制力が働くという極めて強力な規制の対象となるのだ。

弁護士が勧める交渉技術

とはいえ、三六協定を結ばないことで学校運営を混乱に陥れることには不安と罪悪感を抱く教員も多いだろう。実際、それで学校が正常に運営できなくなってしまえば、不利益を受けるのは生徒たちである。

そこで、「三六協定を結ばない」という権利の存在を武器にしながらも、より柔軟に状況を改善するという現実的な戦略をとることもできる。これについては労働弁護士の鴨田哲郎氏が解説しており大変参考になるので、すこし詳しく引用してみよう（注2）。

鴨田氏の戦略を一言でいえば、協定を「締結しない」ことをテコとした交渉戦術だ。三六協定のなかにいろいろな条項を入れ込むように交渉することもできるし、三六協定の締結交渉を通じて労働時間以外の労働条件について交渉することもできる。

三六協定を結ぶ義務は、労働者側にはいっさいないのだから、嫌だったら、「ノー。残業なんかしない」と、八時間働いたらもう十分だからさっさと帰るという対応ができる。少なくとも労基法という紙の上では、そういう権利が労働者に保障されている。それを使うか使わないかは労働者側の問題。つまり、三六協定を盾に取ってどんな要求でも立てられるということである。

そのうえで、交渉内容は次のようなものが考えられるという。なお、それぞれの項目については筆者自身の解釈も交えて論じている。

❶拒否権あるいは同意権

一番大切なのは、残業について個々の労働者が拒否することができ、その都度同意を取らなければならないように約束してしまうということだ。そうすることで、すべての残業をなくさなくとも、重要ではない残業や、あまりにもきつい状況での残業は確実に減らすことができる。

拒否権・同意権の導入は、上から言われたことや「子供のためによいことはすべてやる」という教員の無際限の労働に歯止めをかけるために、その都度業務の必要性や優先順位を吟味する契機となるだろう。

❷総労働時間の上限、インターバル時間の設定

①の個別の問題での拒否権・同意権とはちがい、全体のルールとして労働時間の大枠に上限を定める方法もある。

すでにみたように、現在は三六協定で認められる労働時間には上限が定められている。しかし、それは過労死ラインに合わせられたかなり緩い基準に設定されている。これに対し、三六協定を結ばないという圧力によって、法律の規制よりも厳しい基準に変

注2

鴨田哲郎「三六協定の活用と留意点」『労働法律旬報』2019年1月合併号

鴨田哲郎「長時間労働問題と三六協定——三六協定の意義と労働組合の責任」『季刊労働者の権利』325号、2018年

更することができる。職場全体での残業が必要だとしてもどこまで必要なのか、どこまで削減できるのかを交渉で明確にするということだ。

労働時間の上限がおさえこまれることで、学校の経営者たちは教員の増員をしたり学校運営の効率化を図るといった努力を積極的にせざるをえなくなる。

また、この方法では、最低限の休息時間を定めさせる戦略をとることもできる。「インターバル時間」(最低休息時間)とは、退社してから次の出社するまでにかならず休ませる時間を言う。EUの加盟国では一一時間が義務づけられている。もし二二時に退社したら、九時までは出勤させることができなくなるということだ。

たしかに、一一時間ほどの休息がなければ食事や入浴、睡眠を十分とるのはまず不可能。先生が毎日疲れた状態で生徒に対峙すべきでないことは明らかだから、最低一一時間の規定は実感的な説得力がある。もちろん、最低休息時間を一一時間より長く設定することもできる。

このインターバル時間の設定は、二〇一八年の働き方改革関連法によりすでに事業主の「努力義務」となっている点からしても、学校を説得しやすい。

❸ノー残業デー、ノー残業ウィーク、誕生日、結婚記念日……

さらに、私生活を守るための休日を創設させるように求めることもできる。教育に集中するためにリフレッシュしたり、教員自身の見聞を広げられるような時間を増やす。そのための人員を増やすこともあわせて検討させるといったことも必要だろう。

❹代休、代償休暇

また、③と合わせ、休日に働かせた場合にはしっかりとほかの休みをとれるように仕組みを整備するように求めることも大切だ。

❺残業の手続

一方で、そもそも、残業をさせるときには通知（命令）時期をはっきりさせ、労働者側の申告時期についても明確にすることも必要だ。①拒否権・同意権と合わせて手続きが明確になることで、「なんとなく」と雰囲気で強制されるような野放図な残業を抑止できる。

日本の残業はよく「職場文化」だといわれる。残業は規則や義務になっているわけではないのに、若い社員は先輩社員や上司よりも先に帰っていけないという雰囲気があることもよく問題視されてきた。

本当にそれが残業の最大の理由なのかには疑義があるところだが（実際には業務量その

ものが多いほうが問題だろう）、そういう文化的な要素を抑制するためには手続きを明確にし、厳格に守らせることが有効だ。職場にこうした「残業文化」があると思う場合には、導入交渉を検討するとよいだろう。

❻時間管理の方法

多くの私立校では労働時間管理が杜撰であることを、第3章で示したが、三六協定をテコにしてこれを是正させることも考えられる。労働時間を自主申告にしている学校では、客観的な時間管理方法を導入させることで、残業隠しを大幅に減らすことができるだろう。また、これもすでに述べたところだが、二〇一九年からは客観的な方法による時間把握が事業主に義務化されている。したがって、労働時間の把握はそもそも法律上の義務なのだ（ただし、罰則がないこともありいまもいい加減な学校のほうが多いのが現状）。法令遵守の点からも使用者側を説得できるはずだ。

❼モニタリングの情報提供

残業をなくすためには、外部から恒常的に、「あそこの事業場の残業状態はどうなのか」ということが確認できる仕組みを作ることも有効だ。特に学校は公共性が高い。地域住民や保護者など、関係者も多いことから高い効果が期待できる。

外部評価機関を作ってレポートを公表するように要求することや、そこに保護者にも入ってもらうことなども考えられるかもしれない。

⑧割増率

最後に、残業をさせる場合に法律上の義務を超えた割増賃金の支払いを約束させることも考えられる。法律では一日八時間、週四〇時間を超える場合に二五%増しの割増残業代を支払わなければならない。また、月に六〇時間を超える場合には五〇%増しになる。さらに、休日労働の場合には三五%増しとなる。

だが、この数値は世界的にみると非常に低い。法律も、これを「最低限度」としているだけであり、本来はもっと高い割増率にしてしかるべきなのだ。そして、残業代の割増率が高くなれば、学校側はより残業を抑制するように努力せざるをえなくなる。

残業代の割増率が高くなれば、教員の人数を増やすことも経済的に合理的になりやすい。三人が一日一二時間で終わらせている三六時間分の仕事を、四人が一日九時間で終わらせるという発想だ。そうすれば、労働者は過労にならず学校経営上の負荷も大きくは増えず（もっとも、社会保険料などを削減しようとする経営上の動機は残るが……）、さらに若い教員へ正規採用の機会を増やすことにもつながる。

こうした雇用戦略は「ワークシェアリング」と呼ばれ、欧州の労使交渉では労働側が積極的に主張している。

最後に、これらに加え、三六協定の締結時間を短く設定することでさらに交渉を有利に進めることができる。普通は一年更新にするところ、半年間など短く期限を縛ることで、定期的に実態をチェックしてその結果を反映した労使協定を結び直したり、学校に対して「今度こそ締結してもらえないかも」という圧力を恒常的に与えることができる。この構図を活用し、実際に一ヶ月ごとに三六協定を結んでいた事例もある。

労働組合を活用せよ

次に、三六協定とは異なり労働組合法に基づく権利を活用する方法について紹介する。三六協定はあくまで「免罰効果」を持つ労使協定の締結拒否を梃子にした戦術であり、三六協定締結をおこなう労働者側の代表自体には特段の権利がない。

本質的には労働基準法の原則＝「一日八時間、週四〇時間」を背景にした交渉術であり、いわば「虎の威を借る狐」の戦術とも表現できよう（ただし、欧米での類似の労使協定を結ぶ際の労働者側代表者には強い権限が与えられており、「狐」にしかなれない日本の制度には明らかに欠陥がある。三六協定が法の抜け道にされてきた所以である）。

これに対し、労働組合の場合には労働組合自体に法律上の強い権利が付与されており、こちらはいわば「虎」そのものだということができる。

教員が労働組合に加入あるいは結成して団体交渉を申し入れた場合には、使用者側は労使交渉を拒否できず、誠実に対応しなければならない。これを「団交応諾義務」、「誠実交渉義務」と言う。これらを破った場合には「不当労働行為」という違法行為となり行政から救済を受けたり、損害賠償を請求したりすることができる。

組合への加入者が教員一人だったとしても学校側は団体交渉を拒否できない。

とはいえ、もちろん使用者側は労働側の要求をすべて受け入れる必要があるわけではない。あくまで労使で誠実な話し合いをさせ合理的な労使関係を形成させるところに労働法の狙いはある。そこで問題は、交渉の「誠実さ」とは何かということになる。

残業時間について誠実に交渉するということは、たとえば残業が必要になっている理由の検証や教員の数を増やせるかどうかの財政的検討などを通じて、対策について真に実効的な議論をしなければならないということだ。そうした交渉をしようとしなければ、「不誠実団交」という違法行為になりえる。

このように法律に基づいて具体性のある交渉をおこなえば、たとえ使用者側が要求をのまなかったとしても、労働組合は広く経営に影響を与えることができる。たとえば労使交渉の結果、財務状況的にはもっと教員を増やせるということが明らかになった場合、これを全教員に宣伝すれば、学校側も対応を変えざるをえなくなるかもしれない。

そうした宣伝活動についても労働組合法は手厚く労働組合を保護している。さらには、近隣住民や保護者たちにもそうした経営側の問題を暴露することが可能である。これらの宣伝活動は「団体行動権」に含まれる。

正当な組合活動であれば、そうした宣伝活動が学外に及んでも営業妨害や威力業務妨害、名誉棄損などに問われることはない。これを労働組合の正当な行為に対する「刑事免責」、「民事免責」という。

法律で保護される労働組合

実際に、労働組合への権利侵害が法律に保護された例を見てみよう。

神奈川県の橘学苑では、非正規雇用の「使い捨て」が教育環境を悪化させていることに危機感を持った教員たちが二〇一九年に私学教員ユニオンに加入し、団体交渉をおこなっていた。同学園については、神奈川県がおこなった調査でも有期雇用講師が二〇一三年度から二〇一八年度の六年間に六九名も退職していることが確認され、適切な対応が同県からも直接要請されていた（二〇一九年五月二八日発表）。

それにもかかわらず、学校側の不誠実な対応は続いたため、元教員らはメディアへの取材対応や、ストライキをしての街頭宣伝活動など労働組合法上正当な「団体行動権」の行使をおこなった。学校の最寄駅であるＪＲ鶴見駅前で学校の問題の改善を訴えるチラシを配布した際には、教員たちの活動に共感する卒業生や保護者も一緒に参加をし、連帯が広がっていったという。

ところが、学校側はメディアへの取材対応の報復として出勤停止の懲戒処分をおこない、さらには、ストライキをしておこなった街頭宣伝活動を正面から理由として挙げ、二〇二一年三月末、元教員ら二名を懲戒解雇した。

元教員たちは、こうした学校の行為について、横浜地裁への提訴や労働組合法違反を救済する行政機関である神奈川県労働委員会へ救済の申し立てをおこなった。二〇二二年一二月一三日、神奈川県労働委員会が学校の行為は不当労働行為であると認定し、元教員たちへの懲戒解雇は無効とする救済命令を出した。また、同年一二月二二日には、横浜地裁も学校がおこなった懲戒解雇および停職処分は無効であるとする判決を出した。事実上、教員たちの「完全勝利」の内容であった。

裁判所の判断のなかでは、次の通り多少厳しい文言による宣伝活動や、生徒や学校外の人々への宣伝活動も労働組合の正当な行為であり、免責されることが明確に示されている。判決文から抜粋しよう。

表現行為が、組合活動として行われたものであり、かつそれが正当な組合活動の範囲内に含まれる表現行為（ビラ配布を含む。以下、同じ。）である場合には、それを懲戒処分の対象とすることはできない

また、上記の目的の下で組合活動として表現行為を行う場合には、その記載表現か厳しかったり、多少の誇張が含まれたりしていても、性質上やむを得ないというべきであり、そのような表現行為によって、使用者の運営に一定の支障が生じたり、使用者の社会的評価が低下したりすることがあっても、使用者としては受忍すべきであるといえる

本件組合及び本件外部ユニオンにおいて、殊更に通行人と本件学校の生徒を区別して本件ビラ1から本件ビラ3までを配布していたとの事実は認められないことを照らすと、本件学校の生徒に配布していたことのみをもって、直ちに正当な組合活動の範囲を逸脱するものではない

結局、二〇二三年六月二日にはユニオンと学校は「全面和解」し、学校が懲戒解雇や停職処分を撤回したうえで、自ら非を認める「陳謝文」を公開したうえ、元教員二名およびユニオンへ約六六〇〇万円もの解決金を支払った。

学校側は違法に労働組合を敵視することで文字通り大きな「代償」を支払うことになったのだ。この時間と労力と費用をはじめから生徒たちの教育に振り向けるべきであったことは言うまでもない。

二つの権利の同時活用——「労働組合法」＋「三六協定締結拒否」

さて、ここまで述べてきた労働組合法の権利と、前節で述べた三六協定の活用戦略とをセットで行使すると相乗効果を発揮する。

前節でみた三六協定の締結拒否権を背景として約束させた内容は、労働組合と使用者側の「労働協約」として締結することで法的な保護の対象とすることもできる。また、法律に守られた労働組合の交渉力が背景にあれば、三六協定の労働者側代表者の権利が乏しい点を補うことができる。

実は、もともと労働基準法が制定された当時、三六協定の労働者側代表はその多くが労働組合の代表者となることが想定されていた。労働組合側の交渉力がしっかりしていれば「月三〇〇時間」といった異常な三六協定にはならないはずだからだ（ただし、日本の多くの企業別組合は使用者側と癒着することで予定された機能を果たしてこなかった）。

実際に、これらの権利をセットで行使した実例がある。関西大学初等部・中等部・高等部教員組合が、関西大学中等部・高等部で争った事例である（注3）。同校では賃金制度として「本俸」のほかに「教育職員調整手当」が支給されていたが、「教育職員調整手当」は「勤務の多寡に関わらず支給する」として、時間管理がおこなわれておらず長時間労働が放置されていたという。また、部活動はあくまでも「自主的な活動」として扱われその分は労働時間にカウントされず賃金も支払われていなかった。

典型的な「給特法」に準じる労務管理体制が敷かれているうえ、部活動を自主的活動として扱い労働時間規制を逃れようとする点でも、典型的に公立校に「準じる」労務管理を強いていた例だといえよう。

こうした状況に改善が見られないなか、労働組合が二〇一七年三月にる茨木労基署に対して申告をおこない、その結果、労働時間管理の実行と未払いの残業代の支払いの是正勧告が出た。

三六協定締結には「残業の定義」に関する合意が必要になる。何が残業にあたるのかを交渉するなかで学校側がこだわったのが部活動だった。学校側は部活動の指導については「自主的な活動」との主張を繰り返し、労働時間にカウントすることに難色を示した。また、部活動の指導時間をカウントすると「三六協定の残業時間制限をかんたんに超えてしまう」と違法状態を開き直るような発言を団体交渉でおこなっていたという。

これに対し、労働組合は「教員の仕事の定義と残業に関する三六協定は表裏一体であることから、教員の仕事の定義に合意できなければ三六協定は締結できない」と交渉。茨木労基署の厳しい指導もあり、次の一〇項目を教員の仕事の定義とし、三六協定を締結するに至った。

「残業の定義」が次の挙げた一〇項目の教員の業務の内容である。この合意された一〇項目に基づき、残業した際には残業代

注３
この事例の記述は過労死研究の第一人者であった故 森岡孝二教授が設立したNPO法人働き方ASU-NETに掲載された記事「私立学校における長時間労働の改善について１～関西大学中等部高等部における経験をもとに～」（2020年４月30日）より参照・引用している。

が支払われることとなった。

教員の仕事の定義一〇項目

1　授業準備等（考査や小テストの作問・採点含む）
2　補習
3　保護者対応（電話対応含む）
4　生徒対応
5　特別指導等の生徒指導対応
6　業務に関わる会議・打ち合わせ等
7　入試業務
8　教材研究
9　部活動指導
10　登校指導

労働時間としてあいまいにされそうな項目に規定が行き届いている。当然、こうした労働時間の定義が明確になされることで、労働時間そのものの抑制にも大きく効果があるはずだ。三六協定の締結拒否と労働組合法上の権利行使、さらには労基署の活用までが組み合わされ、画期的な改善を勝ち取った事例だといえる。

変形労働時間への対抗

変形労働時間制に対しては、どのような対抗が可能なのだろうか。学校が現在どのような状態にあるのかという段階ごとに考えてみよう。はじめに、まだ学校が変形労働時間制を適用しておらず、これから導入しようとしている段階であれば、これを阻止することが重要になってくる。具体的には、変形労働時間制が適用されるための条件を成立させないという方法だ。

学校現場で適用される一年単位の変形労働時間制を導入するためには、労使協定を締結しなければならない。その際に、三六協定の締結と同様に、労働者の過半数が支持する代表者を選出し、使用者との間で、変形労働時間制の労使協定を締結することが必須となる。

そのため、この労使協定の締結を阻止することで変形労働時間制の導入を防ぐことができるのだ。

また、学校がすでに変形労働時間制を導入してしまった場合であっても、労働者代表を適切に選出していなかったなどの不備を追及するという方法がある。手続きが不適切だったと認められれば、それまでの変形労働時間制は無効になる。ただしその場合、手続きを新たにしっかり整備して変形労働時間制をまた導入されてしまう可能性が高いので、今後の改善を求めるには不十分となる。

そこで次に、すでに変形労働時間制が導入されてしまった段階において、具体的な運用の内実をつうじて改善を目指す戦略について解説する。

ステップ1　変形労働時間制の運用における三つの問題点

変形労働時間制度に関しては運用上もさまざまな規則がある。しかし、それを遵守している学校はあまり多くない。そのため、運用上の法的問題を追及することで、変形労働時間制の運用の改善や、制度じたいの廃止を目指すことができる。

変形労働時間制がどのような場合に問題になるのかを把握したうえで、次に証拠の残し方、そして改善の方法という順番で説明していこう。

すでに導入されている変形労働時間制の運用を問題にする実践的なポイントは、三つ考えられる。①実際の労働時間が導入前より短くなっているか、②一度決められたはずのシフトが頻繁に変更されていないか、③残業時間がシフトに最初から組み込まれていないか、である。

❶実際の労働時間が導入前より短くなっているか

一つ目から説明していこう。前述のように、現行の変形労働時間制は、総労働時間の短縮を図ることを目的とした制度として創設されている。当時の旧労働省の通達（注4）では、次のように定められている。

変形労働時間制は〔略〕労使が労働時間の短縮を自ら工夫しつつ進めていくことが容易になるような柔軟な枠組みを設けることにより〔略〕年間休日日数の増加、業務の繁閑に応じた労働時間の配分等を行うことによって労働時間を短縮することを目的とするものである。

注4
「改正労働基準法の施行について」基発第1号・婦発第1号、1988年1月1日

また、一九九三年に一年単位の変形労働時間制が創設された際の通達では、「あらかじめ業務の繁閑を見込んで、それに合わせて労働時間を配分するものであるので、突発的なものを除き、恒常的な時間外労働はないことを前提とした制度であること」（注5）と明言されている。

さらに、一年間単位の変形労働時間制の創設の理由については、「年間単位で休日増を図ることが所定労働時間の短縮のために有効であり、そのためには年間単位の労働時間管理をすることができるような制度を普及させる必要がある」と述べられている。

このように変形労働時間制は、あくまで労働時間短縮や時間外労働の抑制のために時間外労働の規制を柔軟にする制度であり、時間外労働は例外的なものとされていた。特に、一年単位の変形労働時間制については、適用する前よりも休日を増やすことも本来の前提となっているのだ。

こうしたことから、実際の時間外労働を含めた労働時間が、変形労働時間制の適用前より長くなっていたり、休日が少なくなっていたりするのであれば、制度のもともとの趣旨や通達に反するとして、時間外労働の見直しをおこなうか、制度を適用しないよう求めるための根拠となる。

ただし、すでに紹介した立法趣旨や行政通達にもかかわらず、労働時間が長くなっているという事実だけでは労基署や裁判所が変形労働時間制を無効として扱う可能性は低い。この問題点を指摘して効果が見込めるのは、主として労使協定の締結時の交渉や、労働組合による団体交渉の場面ということになる。

❷一度決められたはずのシフトが頻繁に変更されていないか

変形労働時間制の運用が問題になる二つ目のポイントは、一度決められたシフトの変更が頻繁にある場合だ。一年単位の変形労働時間制の労使協定では、対象になる期間と起算日、労働日と所定労働時間の特定をすることが必須だ。具体的には勤務日やその日の労働時間を記載した年間のカレンダーをあらかじめ作成しておかなければならない。しかし、頻繁に出勤日・休日、始業・終業時間を変更しているということは、これらを特定できていないということになり、制度の前提が崩れることになる。この場合、変形労働時間制が無効として判断される。

この問題はすでに導入されている変形労働時間制が不適切であることの核心部分である。もしこれらの不適切な運用が認められれば、労基署が無効の判断を下す可能性が高い。もちろん、裁判でも同様だ。違法性の確度が高いということは、当然労使交渉でも追及しやすい材料となる。

注5
「労働基準法の一部改正の施行について」基発第1号、1994年1月4日

❸残業時間がシフトに最初から組み込まれていないか

三つ目のポイントは、残業や休日出勤などが、事実上、予定に最初から組み込まれていて、前述の労使協定に記載するカレンダーで守られているはずの法定の所定労働時間の上限を超えてしまっている場合である。

たとえば、労使協定のカレンダーの「所定労働時間」の数字上では帳尻が合っていても、一年間の実質的な所定労働時間の合計が二〇八五時間四二分（一年が三六五日の年の場合）を超えていれば、変形労働時間制の条件を破っていることになる。変形労働時間制を適用する年間の総所定労働時間の一週あたりの平均が週四〇時間以内でなければならないからだ。

同様に、時間外労働が突発的・例外的なものではなく、事実上もとから予定されているために、所定労働日数について年二八〇日を超えている、所定労働時間について一日一〇時間、一週五二時間の上限を超えている、所定労働時間が週四八時間を超える週について連続三週を超えているか、変形労働時間の起算日からの三ヶ月区分ごとで三週を超えている、連続所定労働日について七日を超えるときが頻繁にあるなどの場合だ。

労使協定のカレンダーのシフトには書いていないものの、実質的な所定労働時間として予定されているかどうかが重要なポイントになるだろう。

この三つ目の問題については、裁判所で考慮した判例があるため、裁判で変形労働時間制の無効を争う際に有効だ。そして、この判例をもとにして労使交渉で是正を促すこともできる。

裁判例となった事件では、時間外労働を含めて労働時間の上限を超えるシフトをあらかじめ定めていた職場において、一ヶ月単位の変形労働時間制の違法性が争われ、使用者側は、所定労働時間は月の労働時間の合計の上限を超えていなかった（つまり、所定労働時間と残業時間が両方掲載されたシフトをあらかじめ作成していた）と反論していた。

それに対して判決は、変形期間の「労働時間」の合計の上限は、所定労働時間だけでなく、あらかじめ定められた時間外労働を含んで収めるべきものであり、時間外労働を含めて上限を超える場合には、変形労働時間制の適用は認められないとしている（注6）。

ステップ2　証拠を残す

次に、これらの変形労働時間制の運用が問題になるポイントを明確に示すための証拠を残しておくことだ。実際に長時間残業をしたことを示す労働時間の記録

注6
東京地判　平成28年1月13日

はもちろんだが、シフトが頻繁に変更されているのなら変更前・変更後のシフトも保存しておきたい。

あらかじめ長時間残業を組み込んだシフトや、シフトにはないにもかかわらず、予定として時間外労働を指示されている記録などがあると、所定労働時間の上限を事実上超えていることが証明しやすい。使用者が労基署に見せるためのダミーのシフトを作成し、実際のシフトを隠蔽してしまうケースもある。あくまで実際のシフトを示す証拠を忘れずに残しておこう。

ステップ3　改善・廃止を追求する

三つ目のステップとして、ここまでの問題点と証拠を踏まえて、いよいよ変形労働時間制の運用の徹底的な改善、あるいは廃止を求めていくことになる。

変形労働時間制の運用の改善については、シフトの頻繁な変更をさせないこと、時間外労働を最初から実質的に組み込んだシフトを廃止させ、カレンダーに記載されたシフト以外に労働を予定させないこと、そして制度の趣旨どおり、残業をあくまで突発的・例外的なものに限定させること、変形労働時間制の導入前よりも休日を多く確保させることを原則的に求めていくことが考えられるだろう。

変形労働時間制の廃止についても要求できる。これらの徹底的な改善の要求は、そもそも経営者にとって、残業代を節約するという変形労働時間制の「メリット」を封じたり、最小限に抑えたりすることにつながるため、学校側がそこまで徹底するくらいならと廃止を選ぶ判断をすることも考えられる。

さらに変形労働時間制を廃止させる方法としては、今後の改善の要求としてだけでなく、次の節で述べるように、従来の運用の違法性について、証拠をもとに、残業代請求というかたちで徹底的に問題にするという方向性もある。過去の変形労働時間制は無効であるとして残業代を請求し、無効を認めさせることができれば、経営者にとっては巨額の支払いを迫られることになる。今後の変形労働時間制が同様にまた無効だと判断され、未払い残業代を請求されるリスクを恐れて、やはり経営者が廃止を選ぶという可能性が高い。

残業代を取り戻す

私学教員は給特法の適用される公立校の教員と異なり、残業代の請求が可能である。残業代の請求は時効が三年間あり、未払い金額が一〇〇万円をこえることも珍しくない。こうした金銭的なメリットはもちろんだが、残業代の請求は、これまで教員の長時間労働に本気で取り組んでこなかった学校に対して、長時間労働の「コスト」を明確に理解させることによって、働き方の見直しをさせる圧力につながる。

では、どのように残業代を請求できるのだろうか。

労働時間の証拠を残そう

まずは、労働時間の記録を残しておくことが大事だ。具体的な記録としては、なんと言ってもタイムカードがあるに越したことはない。タイムカードがあるものの、時間外労働が事前申請制になっていて、申請に萎縮してしまったり、申請が通らなかったりして、残業代が払われていないというケースが多い。このとき、残業を申請しなくても、タイムカードはかならず、実際の労働時間に基づいて記録しておこう。

どうせ払われないからと、タイムカードを定時の始業時間と終業時間で形式的に記録して、出勤を記録する前や退勤を記録した後に働いてしまい、証拠が残っておらず、未払い残業代を請求する際に後悔するというケースは非常に多い。このような事態を避けるために、タイムカードはできるだけ実際に働いた時間通りにすることを強く推奨したい。タイムカードを正しく記録したことで上司に怒られるようなら、パワーハラスメントや違法行為を指示する証拠になるので、それも録音しておけると良い。

しかし、やむをえずタイムカードが記録できない場合も少なくない。そもそもタイムカードがなく、出勤簿にハンコを押すだけという学校もいまだに多い。この場合は労働時間を把握していないため、未払い残業がなかったとしても、学校は明確な労働安全衛生法違反であり、労基署から是正勧告を受けることになる。

タイムカードによる記録ができない場合は、職員室や、部活動の施設・校庭などから撤収する様子や、校舎や施設の鍵を返却した様子などと、時刻のわかる時計を一緒に写真に撮影したり、上司などに携帯電話のSNSなどで「いま終わりました」などとメッセージを送っておくのも効果的だ。

ただし、証拠によっては、後述するように労基署や裁判所が証拠として扱ってくれないケースもある。証拠としての能力は、タイムカードが特に「強い」のは事実だ。職員室のパソコンで作業しているのであれば、パソコンのログ記録も比較的「強い」証拠になるので、パソコンを取り上げられたりする前に、ログは取っておこう。

なお、自宅での持ち帰り残業は残業代請求の際の証拠として認められるハードルが非常に高いので、書類仕事が終わらない場合には、できるだけ職場に残って残業できた方がいい。

どのように請求できるか

次に、どのように請求したら良いのだろうか。個人的に請求してもはぐらかされてしまう可能性が高い。そこで、三つの方法が挙げられる。

一つ目の方法は、労基署だ。厚労省の機関であり、労働者が申告という手続きをすると、学校の調査がおこなわれる。未払い労働が確認されると、未払い賃金を支払うよう是正勧告という行政指導を出してくれる。

労基署は未払いの労働時間がどれくらいあったのかについても調べてくれる。しかし、その判定は労働者にとってやや厳しめであり、少なめの時間しか認めてくれないケースが多い。タイムカードやパソコンのログなど職場の書類や設備に残った記録については、労基署は証拠として認めてくれやすいが、労働者が自分で取った記録については「本当に働いていたかどうかわからない」などと、採用してくれないことが少なくない。

また、変形労働時間制や固定残業代などの仕組みを適用されていたが、その運用が違法だから、学校を指導してほしいと求めても、労基署は積極的にこうした制度の無効・有効を判断してくれない。変形労働時間制の労働者の代表の選出が明らかに杜撰だったり、固定残業代についての学校による説明がほとんどなかったりということが証明できる場合は、労基署でも制度が無効であると判断してくれやすいが、運用の実態などについてはなかなか踏み込んでくれない。

そこで次に、弁護士に依頼して、裁判をおこなうという方法がある。

裁判の場合、労働時間の記録が退勤時の写真などであっても証拠として採用されるなど、残業時間が労基署よりも長めに判断されやすい。また変形労働時間制、固定残業代などの複雑な制度について、踏み込んでくれない労基署とは異なり、過去の判例などを踏まえて、違法性を認めて無効として判断されることがある。また、その裁判で新しい判例が出されて、違法性を判断するための新しい基準がつくられることもある。新しい判例は同様の状況で困っている労働者にとっても使える「武器」として、社会的に波及していくことになる。ただし、判決までは一年以上、数年単位でかかってしまうこともある。

裁判では判決を出さずに和解になることも多いが、和解を目指していくなら労働審判という方法もある。労働審判では判決は出ないが、三回の審理で和解の結論を出し、短期的に決着がつく。通常の裁判結果とは違って、決裂すると法的な強制力はないものの、専門家が出す結論であるから「裁判をやっても同じことになるぞ」と学校側にプレッシャーをかけることはできる。

最後に、労働組合（ユニオン）による団体交渉である。ここで特に推奨したいのは、学内の労働組合ではなく、学外のユニオンである。私立校では学内に労働組合があることも珍しくないが、どうしても学校側に立場が近くなってしまいがちで、労働基準法に則って残業代を払うことや、長時間残業の是正にすら否定的なことが少なくなく、労働者にとって有利とは言えない内容の変形労働時間制の労使協定に同意していることも多い。また、そもそも労働組合が専任教諭などの正規雇用の教員のみしか加盟する権利を認められておらず、非正規雇用の常勤講師や非常勤講師は加盟できないということも多い。なかには残業の問題にも熱心に取り組んだり、非正規雇用でも加盟できる学内の労働組合もあるが、決して多いとは言えないのが現状だ。

一方でお勧めしたいのは、学外の労働組合として、個人で加盟することが可能な労働組合（ユニオン）である。どの学校の教員であるかに関係なく、正規雇用・非正規雇用に関係なく、加入することができる。

繰り返しになる部分もあるが、労働組合に入ることで、労働者は学校の経営陣と「団体交渉」と「団体行動」をおこなうことができる。使用者は団体交渉を申し込まれると、誠実に応じる義務があり、話し合いを無視したり、誠実な回答をしないと法律違反になってしまう。このため、個人で学校と話そうとしても有耶無耶にされてしまうことが多いだろうが、労働組合をとおせば、経営側と話し合いのテーブルにつき、正式な回答をさせることができるのだ。

労働組合の場合は、労基署や裁判と異なり、違法性に関係なく、職場の改善を求めることができる。賃金が低すぎる場合はもちろん、労働基準法違反にはならないが残業時間が長すぎる場合や、明確に違法とは言えないまでも変形労働時間制や固定残業代が教員の負担を増やすかたちで使われている場合などに、運用や制度を変えるように交渉することができる。

ただし、交渉をしてもなお、実質的に中身のない回答をする学校もある。そこで労働組合は、宣伝活動やストライキなどの団体行動によって誠実な回答を使用者に合法的に迫ることができる。同僚や、保護者・地域住民にチラシを配布したり、インターネットで宣伝したり、記者会見を開いたり、ストライキによって圧力をかけることもできる。正当な団体行動は、刑事上の処罰や民事上の損害賠償請求からも免責される。つまり会社に迷惑をかけても損害賠償の対象にはならない。

逆に言えば、労働組合で効果的な行動をおこなうことができれば、労基署や裁判所では判断しづらいような変形労働時間制や固定残業代の違法性、労働時間の証拠などについても、交渉のなかで実態を証言して突きつけながら、行動による「圧力」をつうじて認めさせることもできるのだ。

非正規雇用の待遇改善への道

非正規雇用の労働問題は雇用の不安定性と処遇の低さの二面として現れている。そこで、非正規雇用労働者の待遇改善のために使える法律も、大きく二つに分かれることになる。まず、雇用の不安定性に対応するための法制度の活用であり、もう一つが待遇の改善についての法律である。

これらは法律として別々のカテゴリーになるのだが、実際の改善戦略においては、実は密接に関係している。

雇い止めを阻止する

雇用の不安定性について対抗する法律から見ていこう。

労働契約法第一九条は次の二つの場合には、簡単に雇い止めはできないと定めている。少々ややこしいが、①は契約が事実上形骸化しているような場合、②は雇用継続について労働者側に合理的な期待がある場合である。

①当該有期労働契約が過去に反復して更新されたことがあるものであって、その契約期間の満了時に当該有期労働契約を更新しないことにより当該有期労働契約を終了させることが、期間の定めのない労働契約を締結している労働者に解雇の意思表示をすることにより当該期間の定めのない労働契約を終了させることと社会通念上同視できると認められること

②当該労働者において当該有期労働契約の契約期間の満了時に当該有期労働契約が更

新されるものと期待することについて合理的な理由があるものであると認められること

①のようなパターンは最近では減少しているが、昔はそもそも契約書も作成していないようないい加減な職場が多かった。そうした職場で反復更新されているような場合には、契約期間の満了と言ってすむわけではないのだ。

②に関してはより一般的に活用できる規定だ。第5章で実例を紹介したように、私立校の常勤講師や非常勤講師の採用に当たっては、労働者側に期待を持たせる言動があるほうが普通である。だから、音声やメモなどの「記録」さえ取っておけば、ほとんどの場合雇い止めを争うことができる。もちろん、そうした客観的な証拠がない場合にも、労働組合で団体交渉するなど争うことは可能だ。

そして、①や②のパターンに当てはまった場合には、「使用者が（有期契約労働者の）申込みを拒絶することが、客観的に合理的な理由を欠き、社会通念上相当であると認められないときは、使用者は、従前の有期労働契約の内容である労働条件と同一の労働条件で当該申込みを承諾したものとみなす」と定められている。

つまり、使用者側の経営赤字や教員側の著しい能力不足など、合理的な理由があって、しかもそれが「社会通念上相当」なほどひどい状態でなければ、契約は再び更新されたものとみなされるということだ。

複雑な説明は避けるが、これらが認められるには相当高いハードルが必要となる。特に雇い止めのほとんどが該当する五年の「無期転換ルール」の脱法を目的としている雇い止めでは、こうした要件に合致することはあまりないだろう。

雇い止めにあった場合には、裁判を起こすことも労働組合に入って団体交渉をすることもできる。すでに紹介したように多くの学校で雇い止めが争われており解決事例は多い。法的権利を十分に活用するためには学校外の労働組合に加入して交渉をおこなうのが良いだろう。

非正規教員の「無期転換」を勝ち取る

次に、労働契約法第一九条の権利を梃子にして、同法一八条の「無期転換ルール」を活用するという合わせ技が可能になる。

労働契約法第一八条では次のように定めている。

同一の使用者との間で締結された二以上の有期労働契約の契約期間を通算した期間が五年を超える労働者が、当該使用者に対し、現に締結している有期労働契約の契約期間が満了する日までの間に、当該満了する日の翌日から労務が提供される期間の定めのない労働契約の締結の申込みをしたときは、使用者は当該申込みを承諾したものとみなす

つまり、有期契約の更新を勝ち取り続けていけば、いずれはこの「無期転換」のハードルを越えることにつながるということなのだ。

ただし、雇い止めは三年目でおこなわれることも多い。そこで雇い止めが違法とされても更新されるのは一年間だ。そうすれば、この更新時に「次の更新はない」と明言することで更新を期待する合理的な理由をなくしてしまうことができる。おそらく、ここまで考えて三年目の雇い止めをおこなっている学校もあることだろう。

実は、こうしたやり方が妥当であるのかどうかについては法律上の明文の規定がなく、行政のガイドラインなども存在しない。しかし、このようなやり方がまかり通るようではあまりに不合理だ。

そこで、これまでの裁判例では、新たに「不更新条項」を設けて契約更新された場合に

も、ただちに更新への期待の合理的理由がなくならないと判断している。つまり、「更新されるものと期待することについて合理的な理由」と契約書などの「合意」は別だということだ。そして、裁判所は形式的な「合意」の存在よりも、法律的に保護すべき更新期待状況が実際にあったのかどうかで判断するという立場をとっているということだ。

そのため、使用者の発言や更新契約書からは更新の期待ができないとしても、これまでの更新回数や、以前の雇い止めで争ったときに更新期待が合理的とされた諸々の事情などによっては、やはり雇い止めが違法と認められる可能性がある。

正規・非正規の待遇格差を是正する！——第一ルート

次に、待遇格差についても権利の行使が可能だ。

二〇二〇年に施行されたパートタイム・有期雇用労働法では正規・非正規の待遇格差を次のように規制している。

事業主は、その雇用する短時間・有期雇用労働者の基本給、賞与その他の待遇のそれぞれについて、当該待遇に対応する通常の労働者の待遇との間において、当該短時間・

有期雇用労働者及び通常の労働者の業務の内容及び当該業務に伴う責任の程度（以下「職務の内容」という。）、当該職務の内容及び配置の変更の範囲その他の事情のうち、当該待遇の性質及び当該待遇を行う目的に照らして適切と認められるものを考慮して、不合理と認められる相違を設けてはならない。（傍点引用者）

簡単に言えば、①「職務の内容」、②「職務の内容及び配置の変更の範囲」、③「その他の事情」の三つを判断基準にして、待遇格差の合理性を判断しようというものだ。要するに、正社員と同じような働き方であれば、近い待遇にしなければならないとこの法律は言っているわけだ。

それぞれの項目について見ていこう。①はわかりやすい。仕事内容が同じなら待遇も近いべきだというのは当たり前のことだ。教員であれば、業務の内容はかなりはっきりしている。フルタイムの常勤講師であれば、かなりの程度①は同じになるだろう。

②については、どこまでの範囲で仕事をしなければならないのか、その担当範囲の広さによって業務負荷を比べようという考え方だ。この点でも、学校の非正規の場合には、担任や部活動にまでついている実情があれば相当正規教員と近いといえる。

ただし、③だけはやや特殊だ。ここは何が含まれるのかよくわからず、この法律の最大の欠陥になっている。実際に裁判例では、③「その他の事情」のなかに「正社員に対する期待」のようなあいまいな理由を認めて、大きな差別待遇を不合理ではないと判断してしまった例もある。

とはいえ、教員の場合には通常の労働者に比べても正規・非正規の働き方はかなり近い。そもそも①の職務の内容が基本的に同じという点、②についても学校外への転勤や教員外への事務員などへの配置転換の可能性がほぼないといった点はかなり有利だろう。

一般の会社では第5章で説明したように、正社員はなんでもやらされる「ジェネラリスト」の上に全国の配置転換も当たり前だ。これではこの法律はほとんど役に立たない。私立校の教員こそが、この法律をもっとも活用できる職種だといっても過言ではないのである。

一方で、この法律は専任教諭とは働き方が異なる非常勤講師にも適用される。だが、①〜③すべての面で働き方に大きな差がある非常勤講師では、この法律の判断枠組みでは、かえって「賃金格差には合理性がある」という話になってしまう（注7）。

ただし、待遇には基本給、賞与、退職金など基本的なもの

注7
この法律は「同一労働同一賃金法」と呼ばれていたが、このような点でまったく「同一労働同一賃金」を規定するものではない。本章では「利用の仕方」を論じているが、この法律そのものには多くの欠陥が存在し、第5章で紹介した日本型雇用システムを温存する性質を色濃く持っている。

のほかに、通勤手当や皆勤手当といったさまざまなものが存在する。これについて、この法律の文言では、「当該待遇の性質及び当該待遇を行う目的に照らして適切と認められるものを考慮して」とあることから、待遇の性質によっては、働き方に大きな違いがあっても差別してはならないことになる。

実際に、裁判例では「年末年始勤務手当」など、正規・非正規の働き方とは無関係な処遇を差別していた事例でこれを違法としている。通勤手当など、多くの手当がこうした差別に該当すると考えられている。

正規・非正規の待遇格差を是正する！——第二ルート

非正規教員の待遇改善には、第二ルートも存在する。

すでにみた第一ルートが、「有期雇用」のまま待遇を改善しようとしたものだったのに対し、第二ルートは「雇い止め阻止→無期転換→待遇改善」というように、雇用の安定を勝ち取った先に待遇改善を見通すシナリオである。

なぜ、このように二つにルートが分かれてしまうのかというと、実は、無期転換ルールを定めた労働契約法の規定に欠陥があるからなのだ。先に引用した労働契約法第一八条の無期転換ルールを定めた条文には、次のような続きがある。

この場合〈無期転換〉において、当該申込みに係る期間の定めのない労働契約の内容である労働条件は、現に締結している有期労働契約の内容である労働条件（契約期間を除く。）と同一の労働条件（当該労働条件〈契約期間を除く。〉について別段の定めがある部分を除く。）とする。

つまり、無期転換ルールが適用されたとしても賃金などその他の労働条件まで改善するわけではない。しかも、パートタイム・有期雇用労働法は、パートタイム労働者と有期雇用労働者にしか適用されないため、さきほどの①〜③の基準による差別是正の規定も適用されなくなってしまう。

では、「無期転換＋格差温存」の状態に置かれた非正規には何ができるのか。端的に言って、これらの労働者に対しては特別の法律によって格差を是正するような規定は存在しない。

しかし、特別の法律がないとはいえ、ほとんど同じ仕事をしていながら賃金体系がまったく違い、著しい格差が存在している場合、それは一般的に不合理である。実際に、差別を是認する就業規則が定められていたケースで、その就業規則は労働契約法第七条に定められた「合理的」であるとの要件に反しているとみなされた裁判例もある。あるいは、無期転換者への差別は、そもそもあらゆる契約関係を規整する民法の「公序良俗」にも反すると考えられる。

実は、パートタイム・有期雇用労働法の定める規定も、元をただせば何も法律がなかった時代に民法の「公序良俗」に反する正規・非正規の格差を是正すべきだという判決が出され、その後それが明文化された法律なのだ。

したがって、今後も不合理な格差の是正を求めて訴訟を起こした場合、画期的な判決が出される可能性はあるだろう。

もちろん、訴訟ではなく労使交渉によって不合理な格差を是正させていくということも可能である。その場合、「無期転換」されているからこそ解雇をおそれることなく交渉ができるという点で第二ルートは有効なのである。

第7章

これからどうなる？
——変形労働・ICT

今野晴貴（276頁まで）
内田良（277頁から）

不登校や家族関係の変化など、教育現場は社会環境の変化への対応を迫られている。それが専任教諭の負担を増やし、「ブラック化」してきたことは5章でみてきた。その一方で、社会の変化に対応しようと教育界では新たな取り組みも進められている。

まず、ＩＴ技術を活用することで大幅に効率性を高める取り組みが進んでいる。特に、不登校の受け皿として急速に広がってきた通信制高校ではその活用が顕著だ。また、部活動のコーチや精神面のカウンセラーなど、教育を構成する業務を分業化していく試みも広がっている。さらに、専任教諭の長時間労働対策の切り札として「変形労働時間」の導入を国が推進している。

これらの動きは、教員の労働問題を改善するのだろうか。残念ながらそううまくはいかないようだ。本章ではＩＣＴ教育をだいたんに導入する通信制高校の労働問題、東京都教育委員会が都内に配置するスクールカウンセラーの大量解雇、私立校の変形労働時間の労働問題を題材として、「新しい動き」の行くすえについて考えていきたい。

ＩＣＴ教育と労働問題

広がる民間の広域通信制高校

最初に取り上げる通信制高校は、いじめや不登校、家族問題などを抱える生徒の増加とともに近年急激にシェアを広げている学校だ。現在の教育課題に先行的に取り組んでいる学校形態だといえる。同時に、遠隔地教育という特性もあり、ＩＣＴの導入が先行している領域でもある。ＩＣＴの導入は教育を「効率化」するものとされており、教師の働き方改革にも必須のテーマとなっている。そうしたなかで、通信制高校におけるＩＣＴ活用は、日本の教育の未来全体を投射している可能性があるのだ。

まず、通信制高校の仕組みについて簡単に見ていこう。通信制高校は、原則として生徒は登校せずに、通信教育を受けながらレポートなどの課題を提出して授業を進めていく。ただし、最低限必要な対面授業である「スクーリング」への出席も単位認定のうえで必要となる。最低限の基準は文科省が学習指導要領で定めており、多くの学校が年間数日の対面スクーリングを設定している。レポートとスクーリングを経て、最終的には単位認定試験に合格すると、高校卒業資格を得られる仕組みだ。

歴史的に通信制高校は、戦後に中学校を卒業して働く「勤労青年」へ高校教育を提供するためにスタートした。しかし、現在は全日制の高校への進学率が高まるとともに、貧困

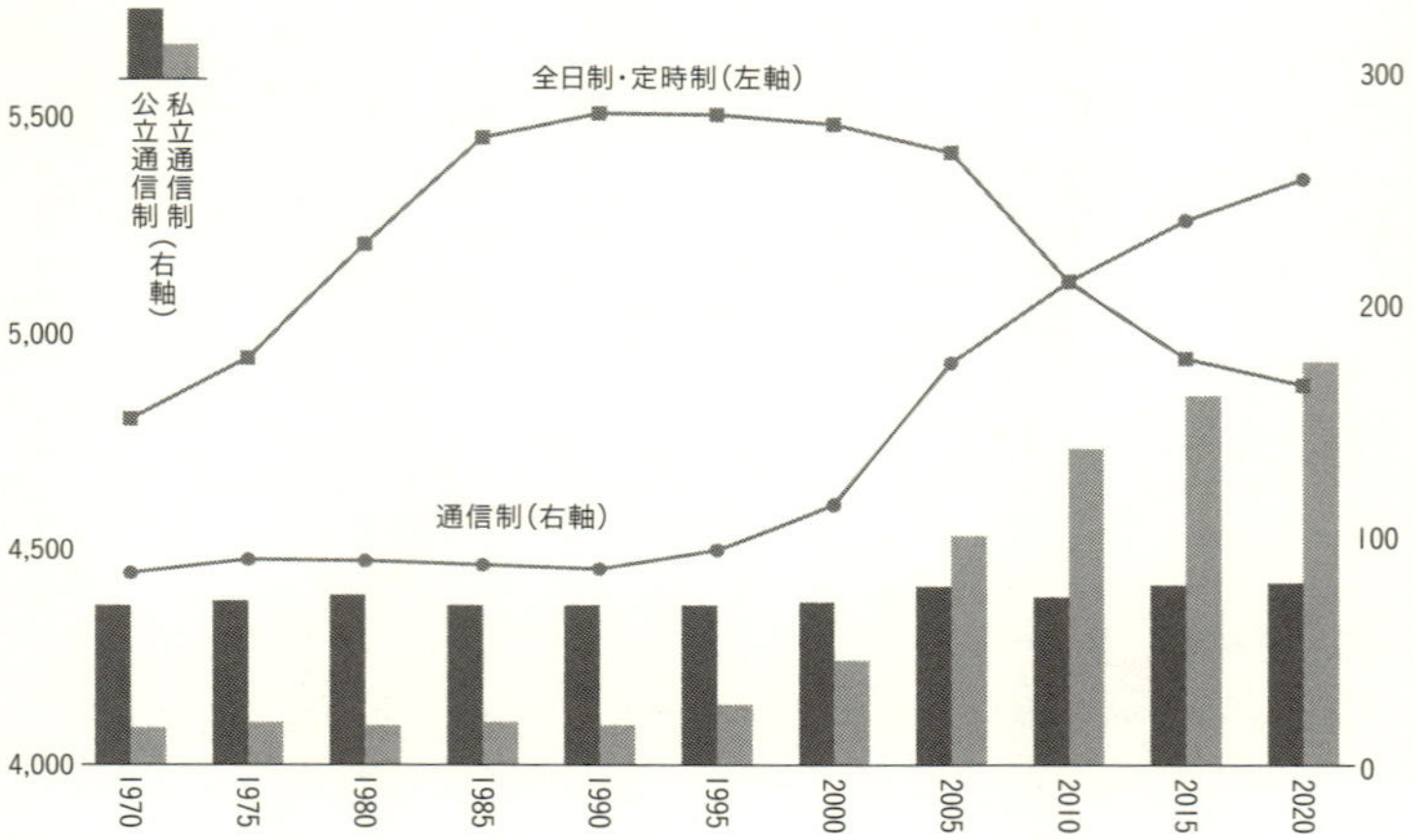

図表7-1　通信制高校の拡大
出典：文部科学省「高等学校通信教育の現状について（令和2年1月15日）」

やいじめなど様々な理由から不登校や中途退学に追い込まれてしまった生徒の受け皿へと役割が変化してきている。二〇一九年度の不登校児は、小学校が五万三三五〇人、中学校が一二万七九二二人、高校が五万一〇〇人にも及び、過去最多を更新している。

図表7-1から分かるとおり、少子化によって全日制・定時制高校が減少する一方で、現在、全国に通信制高校は二五三校にも及んでいる。そのなかでも急速に増えているのは私立の民間通信制学校であり、一九九〇年の一七校から二〇一九年の一七五校へと、ここ二〇年ほどで約一〇倍という「急成長」を見せている。

それと連動し、通信制高校の生徒数も、一九万七六九六人と二〇万人にも達する勢いで

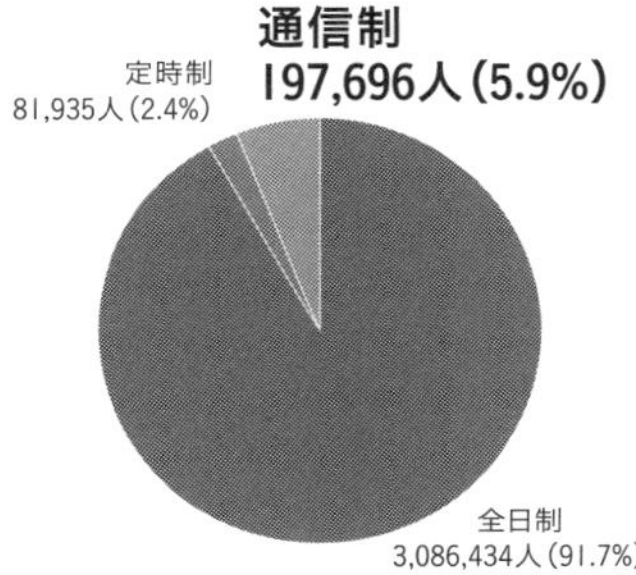

図表7-2 通信制高校の生徒の割合
出典：文部科学省「高等学校通信教育の現状について（令和2年1月15日）」

増加傾向にある。学校数同様に特徴的なのは私立の通信制高校の生徒数の増加であり、一九九〇年の六万九七一五人から二〇一九年の一四万一三二三人へ二倍以上の増加となっている。現状、高校生の約二〇人に一人が通信制高校の生徒になっている計算だ。

なぜこんなにも民間の通信制高校が増えたのか。その背景には、二〇〇三年度に小泉構造改革の流れのなかで規制緩和がなされ、「構造改革特区」において株式会社でも学校設置が可能になり民間参入が相次いだことが影響している。また、最近のトレンドとしては、株式会社だけでなく学校法人を含め、三都道府県以上から生徒を集めることができる「広域通信制高校」の増加が挙げられる。その数は全国で五〇校ほどになり、全国から生徒を募集し生徒数が一万人を超える「マンモス校」も登場している。

細切れの教育活動

通信制高校のなかでもＩＣＴの活用にとりわけ積極的なＸ高校の労働問題を紹介しよう。

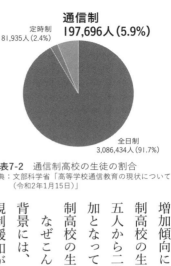

下記は、主として二〇二一年に取材・調査した状況について記したものである。二〇一〇年代に開校した広域通信制高校Xは、ICT技術の活用を前面に押し出し、オンライン授業を主体とするコースに加え、通学を必要とする進学コース、オンラインの通学コースなどを整備している。オンラインを主体とするコースにおいても、豊富な課外活動（職業体験、留学を含む）を自ら希望すれば受けることができることを魅力としている。

オンラインコースではスクーリング日数が少なく、学生の「自由時間」が多いことをアピールしていることも特徴的だ。学生たちは自分で自由な生活を設計し、社会人とともにさまざまな活動や、企業へのインターンなどに参加することもできる。

とはいえ、正規の学校課程である以上、卒業し高卒認定を受けるためには、スクーリングとレポートの提出は必須である。これらの教育活動は教員免許を持った教員が担うことになる。問題は、この「公教育」の実態だった。

スクーリングに関しては、生徒は五日間連続で受講することになり、全国の生徒たちのスクーリングに対応するため、教員はほぼ一年中「同じ内容の授業」を、次々に顔も知らない生徒に対しておこなうという。

数学でいえば、単元の一つ（因数分解）を一年間初対面の生徒に繰り返すこともあるという。授業の内容についても、パワーポイントがあらかじめ作成されており、指導方法を変更できない。

また、人手不足で対面授業のために全国の拠点へ出張も繰り返していた。「たとえば土曜日からスクーリングが始まるとしたら前日に泊まらないといけないので、金曜日に移動することになるのですが、移動日は五〇〇〇円で、休みだけど移動するというかたちになっていて、土日にスクーリングで出張する際には謎の二五〇〇円だけが支給されました。出張しているので、ご飯を食べたりしてむしろマイナスでした」

こうした細切れの教育はX高校に限られない。まったく会ったことのない生徒に流れ作業で同じ授業をし続ける教育方法はむしろ一般的なかたちになりつつある。

ＩＣＴを活用することで「形式化」する教育

次に、レポートの作成・提出・添削ではＩＣＴが広く活用されている。

生徒がオンライン上で教材を読み、その後オンラインでレポートを作成し、提出したレポートの採点もオンラインで教員がおこなうことになる。

しかし、その教材は教科書を読み上げるだけのような画像・音声であり質を担保しているとは言えないと、X高校の教員たちは口をそろえていた。また、レポートに関しても教科書の文章の空欄を埋めるような内容で、問題の答えを探すというかたちだったという。これについても実際に働いた経験のある教員は「非常につまらないですし、なにか教科書を見て勉強するというよりは、答え合わせのようなものだったので、それもなかなか厳しい子もいたので、かなり厳しいなと思いました」と嘆いている。つまり、形式的にレポートを書かせるだけで、身になっていないというのだ。

添削指導の方法もルーティン化しており、「コメントのテンプレートをどんどん回していく感じ」になってしまっていた。テンプレであらかじめ用意されているコメントに何かを追加したりすることが禁止されたこともあったという。また、レポート添削のやり取りは二回以上できないため、せっかくICTを活用しているにもかかわらず、「双方向」の指導ができない仕組みになっていた。

なぜこうした細切れのスクーリングやテンプレによるレポート対応になってしまうのだろうか。その背後には少人数の教員で多人数の生徒を扱うことで、コスト削減をおこなおうとする学校側の姿勢が垣間見える。

レポート採点の仕組みを見ると、驚くほど仕事が「効率的」に設計されている。採点の仕方は、ウェブ上にこなすべきレポートが積みあがっており、それを教員たちが「皆で崩していく」ようにしてこなしていくという。もちろん、生徒も教員もお互いをまったく知らないなかでの作業だ。

その件数もすさまじい。X高校に勤務したある教員は、年間二万八八〇〇件のレポートを採点していたという。地域にもよるが、一人当たり年間平均数が二万件を超えている学校も複数存在していた。二万件のレポートを処理しようとすれば、休まずに毎日働いても一日六〇件程度をこなさなければならない。これではとても丁寧な指導はできないに違いない。指導する側もテンプレの活用も含め、形式的に対応せざるをえない。

さらに、X高校を含む多くの通信制高校では、こうしたレポート採点を日雇労働のアルバイト教員に任せている。紹介業者に登録している教員が、一日ごとにスポット的に学校に行き、スクーリングやレポート添削をおこなっている。普段は学校で非常勤講師としてコマ単位で教えている教員が、家計の埋め合わせのために日雇いでレポート採点をおこなっている。レポートを出す側も、採点する側もばらばらで、それがICTでマッチングされ処理されていく。非正規雇用とICTを組み合わせた「極限の細切れ教育」と表現して差し支えあるまい。

こうして、学校側は多くの生徒を少ないコスト（教員の人件費）で抱えることができるようになる。その分利益を稼ぎ出しつつ、入学費用も安く抑えることもできる。高校生たちからしても、学校に通う時間をかけずに安価に高校卒業資格を獲得できるようになった。

それは、家庭が貧しい学生や不便な地域の学生にチャンスを広げているようにも見える。また、お金のある家庭の生徒はオプションとなる進学のための手厚い授業や社会体験も可能だろう。

しかし、本来はあらゆる生徒により丁寧な教育を受ける機会こそが保障されるべきであり、ICTを活用した「効率的な教育」は、通信制教育の公教育部分を劣悪化し、いわば「公教育のゲットー化」を引き起こしているともいえる。

二〇一六年一月に発覚した事件の報道によると、三重県伊賀市のウィッツ青山学園高校が、通信制の生徒を大阪市のテーマパーク「ユニバーサル・スタジオ・ジャパン」（USJ）に連れていき、土産物などのお釣りの計算をしたことで数学を履修したとみなしていたというのだ（共同通信）。同校は国の就学支援金を不正受給した疑いが持たれている。

また別の報道によれば、「ウィッツ青山学園の授業料は、年間二三万七六〇〇円とまったくの同額。年収の低い人に出る就学支援金をそっくりそのまま学校が受け取り、生徒は授業料をまったく払う必要がないことをウリにしている」という（『週刊朝日』二〇一五年一二月一六日）。

同記事によれば、学校説明会で同校の理事は「何もしないでも卒業できる」ともアピールしていたという。

「教材が年に一回ドカーンと送られてきます。あと、年に三回、リポートの課題が送られてくる。でも、それは出さなくてもいいんです」

「どうしてもやらなくちゃいけないのは、年に二回の『スクーリング』だけです。二日だけスクーリングに行けば、あとの三六三日は自由に過ごしていただく」

これでは教育の内実などまったく担保されていない。通信制とは名ばかりで、安上がりに「高卒資格を販売」しているだけである。同校は二〇一七年四月に学校法人神村学園に運営を譲渡することになったが、ICT教育が推進されていく中で、通信制高校をめぐる教育の質の担保は現在も問われ続けている。

ICTで終わりのない仕事に……

そして、何よりも現在のICTの活用方法は本書の主題である教員の労働問題をさらに加速させる危険を現実化している。実際にX高校では、極端な人数への教育を教員自身をすり減らすようにこなしていた。その中で、なんとか「教師」としての仕事をしようとすれば、最初から限界がある。

ここでも、教員たちの善意によって教育は何とか成り立っている。

すでにみたように、教員たちは日常的に各地のスクーリング講師を流れ作業のように行っている。だが、彼らの業務はそれだけではない。

X高校では一人の教員が担任として担当する人数も非常に多く、担任する生徒数は一〇〇〜一五〇人にも上っていた。しかも、中退などで入れ替わるため実際に対応する人数はさらに多くなる。一五〇人の生徒のスクーリングの日程調整をおこなうのは担任の業務だ。地方から宿泊する生徒たち、体調が変わって授業スケジュールが変わる生徒、それらに細かく対応しなければならない。

また、日常的に生徒と電話やオンラインでの面談をおこなう。生徒が対話できない状態の場合は保護者との面談もおこなう。生徒一人に二ヶ月一回程度面談の時間をとる。学校内ではそうした面談の実施を「消化率」とし、評価基準になっていた。通常は月に五〇〜七五件の電話またはビデオ会話をこなさなければならない。

さらに、コミュニケーションツールを用いた日常的な相談対応も求められる。勤務時間内に消化することが原則だが、それでは終わらない場合も日常茶飯事だった。

X学校に勤めていた教員は次のように回想している。

私の上司は、「一〇分、二〇分時間があったら、1本チャットメールを入れろ、一本電話をしろ」と言っていました。「生徒に対して何かメッセージを送れ」という風に言われていました。でもふつう一〇分、二〇分時間があったら、飲み物を飲みたいですし、お手洗いにも行きたいので、それは私はすごく疑問に思っていました。とにかくパン数を打てばいいというものではないと思っていて、文字のメッセージだからこそ、もっと丁寧に、送る内容を考えなければいけないのに、営業みたいな形で数を打てばいいというのは、すごく疑問に思っていました。

たしかに平等な教育という上で全員に連絡をしなくてはいけないというのはもちろん私もわかっていましたが……全員に電話を回すために「七分くらい電話しなきゃ」みたいなことを言われたことがあって（勤務時間を担任する生徒数で割ると七分になるため）。「七分で何が話せるんだ」と思って。たしかに、全員に連絡をする、話すというのは大事ですけれども、じゃあその時間を削るというのは違うな、と思っていて。私が一回生徒と雑談を含めて一時間くらい喋ったことがあって。そしたら「それじゃあ連絡終わんないよ」みたいなことを言われたことがあって。でも話したがっている生徒の話を「じゃあ私会議だから行くね、ばいばい」みたいなことを言って切る、みたいなことは私は違うなってずっと思っていました。

さらに、この教員はコミュニケーションツールを使って生徒が連絡をするたびになる呼び出し音が耳から離れなくなり、精神疾患を患ってしまった。夜中、寝ている間も一五〇人の生徒からさまざまな相談が寄せられる。ICTを活用するからこそ、もはや教育に時間と場所の概念は失われ、良くも悪くも、文字通り無限の可能性が開かれる。

このように、X高校では分単位で教師を管理し、ICTを活用しもっとも「効率よく」生徒対応をできるようにしていたことがうかがえる。だがそれは、結局は教員の人員削減と、これまで以上に過酷な労働によって成り立っている。しかも、それでは教育の質を維持することが難しく、精神的な葛藤まで抱えている。

テクノロジーのディストピア

これまでも、新しいテクノロジーの導入が労働を効率化し、長時間労働の削減に役立つだろうということは繰り返し言われてきた。二〇〇〇年代に携帯電話とインターネットが職場に登場した時も、これで仕事の効率が上がるのだと盛んに言われていた。

だが、現実には起こったことは労働時間の増加だった。携帯電話があれば一日中、休日も、どこにいても仕事の電話がかかってくる。インターネットがあれば、休暇の旅行先で仕事をこなすことができてしまう。こうしたエンドレスの労働が生まれた。テクノロジーは私生活と労働の垣根を破壊してしまったのである。

こうした実態については過労死研究の第一人者である森岡孝二氏の『働きすぎの時代』(岩波新書、二〇〇五年)に詳細に描かれている。テクノロジーの導入が社会を豊かにできる可能性があるとしても、それが省力化や際限のない労働動員につながってしまえば、労働時間を削減するどころか、際限なく延長してしまうのである。

いまのところ教育のICT化がこのようなディストピアになると断言はできない。しかし、教師たちの抱える悩みのなかには深夜の保護者からの電話対応や生徒のSNSの利用への指導といったことがすでに含まれている。そして、X高校のように極限まで省力化し、効率化を目指す教育のなかで、まさに「無限の労働」がテクノロジーによって作り出されていく可能性は否定できないだろう。

部活動を地域で

次に検討するのは部活動の地域移行である。

そもそも部活動は、学校で実施してもしなくてもよい活動である。第4章で述べたとおり、中学校と高校の学習指導要領では、部活動は「生徒の自主的、自発的な参加により行われる」ものと定められている。しかしそれが自主的であること、言い換えると管理や規制が行き届かないことによって、そこにさまざまな問題が蓄積されてきた。

教員の立場についていうと、日本スポーツ協会が二〇二一年に実施した「学校運動部活動指導者の実態に関する調査」によると、全国の国公私立の中学校あるいは高校で部活動指導を担当している教員のうち、当該競技の「経験なし」が約三割いる。

中学校や高校の教科指導において、知識や経験をもたない素人が授業をおこなうことは、原則ない。ところが部活動指導では、素人が顧問＝監督としてチームを率いることが日常的に起きている。「自主性」の負の側面が見えてくる。

公立校の場合、給特法により、原則として時間外勤務は命じられないことになっている。その結果、平日の定時外の部活動指導に残業代（割増賃金）は発生せず、また土日の指導にも数千円程度の手当が支払われるにとどまってきた。部活動指導は、長時間労働の主たる要因となっている点にくわえて、その負担にほとんど対価が支払われてこなかった点でも問題である。

今日このような状況を背景に、部活動指導の外部化が模索されている。

二〇一七年には学校教育法施行規則が改正され、「部活動指導員」が制度化された。教員に代わって、部活動指導員が単独で生徒を指導・引率することが可能となった。これは、専門性を有する多様なスタッフと連携・協力しながら学校組織を運営する、「チームとしての学校」(いわゆる「チーム学校」)の取り組みに位置づけられる。

文科省は、部活動の地域移行に重点的に取り組み、二〇二二年にはスポーツ庁と文化庁から「学校部活動及び新たな地域クラブ活動の在り方等に関する総合的なガイドライン」が示された。部活動を学校から切り離し、地域社会の活動に移行しようとする流れが、公立中学校を中心に積極的に進められている。

ただしこれまで膨大な活動を、教員が対価を得ないかたちで担ってきたため、地域移行は人材も予算も不十分ななかで進めざるをえず、その点では課題も多い。

身分の不安定なスクールカウンセラーの問題

東京都で一斉「解雇」

第5章で述べたように、日本型雇用システムを乗り越えるためのカギは、教育を構成する業務を分業していくことにある。だが、その分業がまたしても非正規雇用を中心におこなわれており、それによって労働問題が引き起こされている。その典型が、東京都によるスクールカウンセラーの大量解雇だ。

スクールカウンセラーは、不登校や発達障害など生徒の多様な事情に対処するため、一九九五年から導入されている制度である。東京都では、非正規公務員制度の一種である「会計年度任用職員」として採用し、都内の各学校に配置している。非正規公務員については、以前から待遇の低さや雇用の不安定性が問題視されていた。

これに対し、二〇二〇年度からは非正規公務員の待遇改善を目的として「会計年度任用職員」へと制度の移行が進められてきており、今回問題となっている東京都のスクールカウンセラーも二〇二〇年に「会計年度任用職員」へと身分が転換されていた。

会計年度任用職員は年度ごとに採用される仕組みになってはいるものの、年度の更新の際には「公募によらない再任用」がおこなわれている。つまり、経験者はその実績を考慮して、継続した任用をおこなっているということだ。

「公募によらない再任用」ではそれまでの業務実績が考慮されるため、雇用が継続しやすくなるだけではなく、事業の継続性の観点からも、経験と実績のある会計年度任用職員の複数年採用が、現場の職員・管理職から望まれている。そのため、自治体によってはそもそも「公募によらない再任用」に上限を設けていないところもある。

ところが、東京都では、「東京都公立学校会計年度任用職員の任用等に関する規則」において、「公募によらない任用は、四回を上限とする」と定めており、この任用回数を超えた職員に関しては、それまでの実績等を原則として「リセット」し、ゼロベースで採用試験をおこなうこととしていた。

そして、二〇二〇年度に導入された会計年度任用職員制度は、二〇二三年度で四年間を経過し、二〇二四年度からは五年目を迎えた。この、五年目を迎える労働者たちを対象に、東京都としては上記の「公募によらない再任用は四回まで」のルールを当てはめ、事実上の一斉解雇（不採用）を断行したのだ。

なお、二〇二〇年度を初任用と考えれば、二〇二四年度の採用は「四度目の再任用」であると考えられるが、東京都は、会計年度任用職員制度が導入される二〇二〇年以前から

	申込者数	合格者数	不合格者数（補充任用候補者を含む）	不合格（雇止め）割合
公募による再度任用者（再任用限度4回を超えている人）	1,096	846	250	22.80%
新規応募者	783	441	342	43.70%
公募によらない再度任用者（再任用限度を超えていない人）	不明	420	不明	不明

図表7-3　スクールカウンセラーの解雇　　出典：心理職ユニオン提供資料

働いていた労働者については、最初の採用を「一度目の再任用」とカウントしており、二〇二四年度の採用が「五度の再任用」に当たると計算している。

心理職ユニオンと東京都教育委員会の団体交渉のなかで明らかになった解雇者数を図表7-3に示している。およそ一五〇〇名のスクールカウンセラーのうち、再任用限度四回を超えている応募者が一〇九六名おり、そのうち不合格者は二五〇名、実質的な解雇の割合は二二・八％に上る。

全体の三分の二が再任用限度四回を超えて「ゼロベース」の試験を受けさせられており、さらにそのうち二割以上が入れ替えられた、ということになる。なお、「補充任用候補者」とは、補欠の取り扱いであり事実上の不採用である。

「経験や実績を考慮しない」と断言した東京都教育委員会

心理職ユニオンによると、東京都教育委員会は団体交渉で「これまでの経験や勤務実績や評価は採用基準にしていない。あくまでも新規応募扱いであり、面接で合否を決めている」と強調していたという。また、その根拠については、「会計年度任用職員制度上、仕方ない」とも主張していたという。

だが、総務省が二〇二三年に出した「会計年度任用職員制度の適正な運用等について（通知）」では、「なお、前年度に同一の職務内容の職に任用されていた者について、客観的な能力の実証の一要素として、前の任期における勤務実績を考慮して選考を行うことは可能であること」と明記されている。

つまり、会計年度任用職員であることをもって、過去の経歴を考慮しないようにする必要はない、とあえて注意書きがなされているのでる。まさに、今回の東京都のような対応を総務省は懸念していたのだろう。そして、そうしたことをする必要はないと、この通知でくぎを刺しているわけだ。

では、東京都の経験・実績を考慮しない「面接」による評価は、合理性と納得感があるものなのだろうか。これについても、採用基準は「ブラックボックス」となっており、不

正当な判断だと思う	14	6.8%
採用とならなかった理由がわからず、納得ができない	161	78.5%
長年にわたってスクールカウンセラーとして働いてきたのに採用してもらえないのは理不尽だ	138	67.3%
スクールカウンセラーの収入がなくなるかもしれず、次年度の生活がとても不安だ	153	74.6%
勤務する学校の管理員や教員なども、自分が採用とならなかったことに困惑している	135	65.9%
その他	23	11.2%
合　計	205	100.0%

図表7-4　不採用に対する捉え方　　出典：心理職ユニオン提供資料

採用の理由もまともに示されてはいないという。なぜ、自分が不採用とされてしまったのかをほとんどのカウンセラーはわからない状態にある。

組合側が実施したアンケート調査の結果でも、不採用とされたほとんどのカウンセラーが納得していないことが示されている（不採用二五〇人中、二〇五人が回答）。

採用の方針は、これまでの経験・実績を完全に無視していると多くのカウンセラーが感じている。たとえば、二〇二三年度まで二つの都内の学校で勤務していた心理職ユニオンの組合員は、一つの校長からは評価について「A」だと明言され、もう一つの学校の校長からも「評価は高いよ」と言われていたが、そうした評価とはまったく無関係に今回任用が拒否された。

アンケートの自由回答欄からは、スクールカウンセラーを評価する学校長など管理職からも、今回の人事に対する不満が噴出していることが窺える。

管理職が「継続してほしいと高い評価をつけたのに」「自分のつけた評価が反映されていない！」とおっしゃって教育委員会に問い合わせてくれました。採用基準が不透明すぎます。

また、今回は「採用された」カウンセラーからも、採用基準が不透明なため今後が不安だという声も寄せられている。

私は採用、継続となりましたが、不採用になった方の力量、実績を見ると、私の方が優れているとは思えません。採用・不採用の理由がはっきりしないため、自分自身もいつ切られるのか大変不安です。

長年の経験と実績が正当に評価されず、そもそも評価基準も示されないようでは、今後のカウンセラー育成にも影を落としていくに違いない。

カウンセリングの継続に与える影響

このような実態では、当然、利用者の子供やその親への影響も計り知れない。筆者が話を聞いた、東京都で働くスクールカウンセラーのAさんは、子供たちへの影響について次のように不安を訴えている。

まだいると思ってやってきているので、継続して支援してきたお子さんが、またやり直しになってしまいます。保護者からも毎年、年度末には「来年はいられるのですか」と聞かれる。今年度もすでに聞かれているところでした。

心理支援は、信頼関係、人間関係を作ることが重要です。来年いないということになれば、本当は今やるべきこともできなくなってしまうこともあります。

たとえば、専門の医療機関に行ったほうがよいと考えられる場合があります。しかし、そのような話をするには当事者との信頼関係を築くことが大事なので、勤務継続ができない場合は、年度内には話をできず支援が先延ばしになってしまうこともあります。

Aさん自身も、今回不採用とされたことで、今後のスクールカウンセラーとしての仕事の継続が難しくなっている。せっかく貯えた専門的な技術を活用することができないうえに、仮にまた採用されたとしても、いつ不採用になるかわからないなかで働かなければならないからだ。

今回のような事態は、スクールカウンセラーという職種そのものへの信頼感や、ひいてはその存続をも脅かしてしまうほどのインパクトを与えている。

解雇するための「圧迫面接」が横行？

さらに、面接のなかで不採用とするための「圧迫面接」がおこなわれていたと訴えるカウンセラーもいる。三月五日の記者会見では、不採用とされたカウンセラーが次のように訴えていた。

採用面接に行ってみると、圧迫面接と受け取れるような面接がおこなわれました。他の合格となって採用されたスクールカウンセラーと質問の内容が大きく違っていたことを、他のスクールカウンセラーに聞いて知ることになりました。

驚いたショッキングな質問内容の一つを例に挙げますと、「教員が性加害をしているのを知ったらどうしますか？」という質問をされました。即座に「管理職に相談します」と答えたら、「管理職が性加害をしていたら？」、「校長が性加害をしていたら？」というふうに畳み掛けるように、聞かれました……。そのような非常識な不適切な面接の質問内容を繰り返し行い、被面接者を不安混乱に陥れることに、何らか意図があるのかなと思います。

その後、他の採用されたスクールカウンセラーたちに話を聞いたところ、そのような特殊な質問は一切されていなかったという。そのため、このカウンセラーは、「この面接自体が不快なパワハラまがいの面接で、すぐにこのような不適切な対応はやめてほしいと思います」、さらには、「受験者の心に傷を残すことになると思います」と強く訴えていた。

学校での人事評価は関係がなく、採用はこの面接だけで決定される。それにもかかわらず、受験者によって質問内容が変わり、その内容にも疑問が呈されている。これでは、落としたい人を選別しておき、わざわざ答えにくい質問を用意して執拗に繰り返し、恣意的に点数を下げていたと疑われても仕方がない。

非正規雇用の活用で教育が不安定化

すでに述べたように、スクールカウンセラーは継続的な支援を必要とする業務である。せっかく教育活動を分業できる専門家が学校に配置されていても、非正規雇用として配置されることで新たな問題を引き起こしている。

特に、学校から高い評価を得ており、実際に支援の成果が上がったという実績も考慮されていない事例が多発しているようでは、制度的にサービスの質を確保することはできないことになる。この点は、雇用関係や労使関係の専門家として大変憂慮せざるをえない。

また、評価の問題だけではなく、身分が不安定であることそのものが専門性をゆがめる側面も指摘しておきたい。心理職ユニオンが二〇二一年九～一〇月におこなったアンケート調査では、多くのスクールカウンセラーが、雇用の不安定さや時間外の無償労働により、働くうえでストレスを抱えていることがわかった。そして、この校長や管理職との関係が「忖度」を超え、スクールカウンセラーの専門性を脅かす事態も発生している。次の回答を見てほしい。

いじめ案件の報告数を、実際よりも三分の一少なくするよう圧力をかけられた。

次年度の更新のことを考えると、管理職の心証を悪くしないために、本当のことが言いづらい。

これらのケースでは、学校内で起きているいじめなどの重要な問題をそのまま報告するのではなく、過少に報告することが求められている。そうした命令に従うかどうかが、契約更新に関わってくる場合もあるのだ（その後、こうした「忖度」をして高評価を得てたとしても雇用の保証はないことが分かったのだが……）。

これでは、児童生徒、そして保護者のケアや校内問題への対処という本来の目的が転倒してしまっている。当然、このようなスクールカウンセラーの役割の軽視は、モチベーションの低下にもつながってしまうだろう。

不登校など教育における多様なニーズを満たしていくためにも、非正規雇用に対する適切な制度と運用は必須である。安定的な身分と雇用を保障することがよりよい教育につながっていく。それがすぐにできないとしても、東京都は不透明な選抜基準に対し、早急に明確な基準を社会に示す必要があるだろう。

公立校の最新の勤務実態調査

二〇二二年度「教員勤務実態調査」の結果

文科省は二〇二二年度、六年ぶりに「教員勤務実態調査」を実施し、その報告書「『公立小学校・中学校等教員勤務実態調査研究』調査研究報告書」(株式会社リベルタス・コンサルティング)が、二〇二四年三月に公表された。

二〇二二年度調査は、二〇一九年一月の中央教育審議会のいわゆる「学校の働き方改革答申」において、二〇一六年度の「教員勤務実態調査と比較できる形で、三年後を目途に勤務実態の調査を行うべきである」(答申五七頁)ことが提起され、それが実行に移されたものである。二〇〇六年度にも同じ調査がおこなわれているので、今回で三回目を数える。

四月二九日の全国紙の朝刊(東京版)では、読売新聞が「教諭六~七割　残業上限超　文科省調査　中学『過労死水準』三六%」、朝日新聞が「中学教諭の七七%、上限達する残業　文科省調査」、毎日新聞が「教員勤務実態調査　中学七七%、残業上限超え　小学校は六四%　公立教員勤務調査」と見出しを打って、いずれも第一面で調査の結果を報じた。教員の勤務実態に対する社会の関心の高さがわかると同時に、いまもなお教員は厳しい長時間労働のもとに置かれていることが改めて明らかとなった。

教員勤務実態調査は、全国の公立校教員の勤務状況が詳細にわかる重要な調査である。公立校教員を対象（抽出調査）とし、回答者は一週間にわたって毎日、その日の細かな勤務状況を記録していく。一時点の勤務実態が詳細に把握されるだけでなく、二〇〇六・二〇一六年度の調査と質問項目・選択肢がほぼ統一されていることで、過去の勤務実態との比較検討も可能となっている。

なお、二〇〇六年度は年間で六つの期間に小中高を対象に実施されたが、二〇一六年度は一〇月～一一月に小中のみが対象とされた。二〇二二年度は八月と一〇月～一一月の二つの期間に、再び高校をくわえて小中高で実施された。報告書では、高校は課程や学科により勤務状況が異なるとの理由から参考値として数値が公表されるにとどまっている。以下、小学校と中学校に限定して、調査結果を読み解いていきたい。

報告書には、二〇一六年度調査まではみられなかった新たな勤務時間の概念が登場している。先述した「在校等時間」である。

改めて確認すると、「在校等時間」とは、二〇一九年一二月の臨時国会で成立した改正給特法のもとで法的に定められた、公立校の勤務時間管理に関する概念である。教育活動に関する業務をおこなっている時間を指し、校外での業務（職務上の研修や児童生徒の引率）

を含む。所定の休憩時間（四五分間）中に業務に従事した場合、その時間数は在校等時間としてカウントされるが、自宅等に持ち帰った仕事の時間数はカウントされない。

給特法に基づく「公立学校の教師の勤務時間の上限に関する指針」では、一ヶ月の超過勤務は「四五時間以内」と定められている。全国紙の見出しに記された「残業上限」とは、その数値目標を指す。

さて報告書によると、教諭の一日あたりの「在校等時間」は、平日の場合、小学校で一〇時間四五分、中学校で一一時間一分であった。二〇一六年度の調査と比べて、小学校で三〇分、中学校で三一分の減少である。土日の「在校等時間」も減少しており、小学校で三一分減の三六分、中学校で一時間四分減の二時間一八分であった。

平日・土日を問わず、小中学校で一日あたり少なくとも三〇分の減少が確認されており、在校等時間が減少したことは、率直に朗報として受け止めたい。ここ数年にわたる国・自治体・学校と、関係者の取り組みが一定の成果をあげたと言える。

持ち帰り仕事を含めると平均で「過労死ライン」超え

在校等時間の減少をめぐっては、「実態が反映されていない」といった声も現場から聞かれる。ただ、二〇一六年度調査との比較については、基本的に同一の指標で増減が算出されており、比較上の問題はない。

勤務時間数が仮になんらかの理由で過少に回答されることがあるとすれば、それは教員勤務実態調査ではなく現場での勤怠管理上のことである。学校で個々の教員が、管理職からの指導を回避すべく、管理職に報告すべき勤怠管理上の勤務時間数を過少に記載するようなケースである。

文科省の勤務実態調査はあくまで調査であり、調査期間中に個々の教員が記録した勤務状況が文科省に届けられる。管理職に忖度する必要性はないため、実際の状況がそのまま調査結果に反映されると考えるべきである。たとえ現状が過酷だとしても、それをもって数値が虚偽だと評価してはならない。数値上はたしかに在校等時間は減少しており、その点は前向きにとらえるべきである。

ただし次の二点において、状況はまったく油断ならないことを強調したい。

第一に、「在校等時間」の概念では把握しきれない業務がある。概念上の「在校等時間」には、「持ち帰り業務」の時間数が含まれない。かつて「学校の組織運営の在り方を踏まえた教職調整額の見直し等に関する検討会議」が二〇〇八年九月に発表した「審議のまとめ」において、「持ち帰り業務については、あることが前提になるのではなく、そのような業務

1ヶ月あたり		所定労働時間外の在校等時間			持ち帰り時間			合計		
		2006	2016	2022	2006	2016	2022	2006	2016	2022
平日	小学校	55:40	70:00	60:00	12:40	9:40	12:20	68:20	79:40	72:40
	中学校	65:00	75:40	65:20	7:20	6:40	10:40	72:20	82:20	76:00
土日	小学校	2:24	8:56	4:48	11:28	9:04	4:48	14:00	18:00	9:36
	中学校	12:24	26:56	18:24	13:12	9:20	6:32	25:36	36:24	24:56

図表7-5　公立校における勤務時間調査

が無いことが本来あるべき姿であるという前提」が示されており、これは学校の働き方改革答申の作成過程（中間まとめ）においても参照されている。

たしかに理想を言えば、持ち帰り業務を前提とした勤務はあってはならない。だが現実には、学校内で処理しきれないものを、教員はやむなく持ち帰っている。長時間労働そのものが問題であるとするならば、持ち帰り業務の時間数を含めた分析こそが主軸に据えられるべきである。

在校等時間が減少するなか、平日の持ち帰り業務の時間数は小学校で八分、中学校で一二分の増加が確認されている。「早く帰りましょう」の掛け声のもと持ち帰り業務が増えているのだとすれば、働き方改革の時代における新たな問題として注視しなければならない。

第二に、報告書では、二〇一六年度との比較が重視されている。働き方改革の成否を問うにあたって、二時点間比較は重要な着眼点である。だが二〇一六年度からの相対的な変化に注目するあまり、現在の働き方の絶対的な状況が軽視されてはならない。

その意味では先の全国紙の見出しは「残業上限」や「過労死水準」といった絶対的な基準から勤務実態が整理されており、現場の過酷さを率直に伝えている。しかしながらそこで参照された数値は在校等時間であり、持ち帰り業務は除外されている。

そこで、速報値に示された一日あたりの勤務時間の数値をもとに、持ち帰り業務の時間数を含めたうえで、一ヶ月あたりの残業時間全体を筆者が独自に算出した。その結果は、小学校が平均で八二時間一六分、中学校が一〇〇時間五六分と、いずれも過労死ラインを超えていた。二〇一六年度よりもマシになったものの、依然としてきわめて過酷な状況がつづいているといえる。

公立校における一年単位の変形労働時間制

二〇一九年一月に文科省の中央教育審議会は、教員の働き方改革答申を発表した。そこに明記された法制度面の変革が、「一年単位の変形労働時間制」の導入である。この新制度

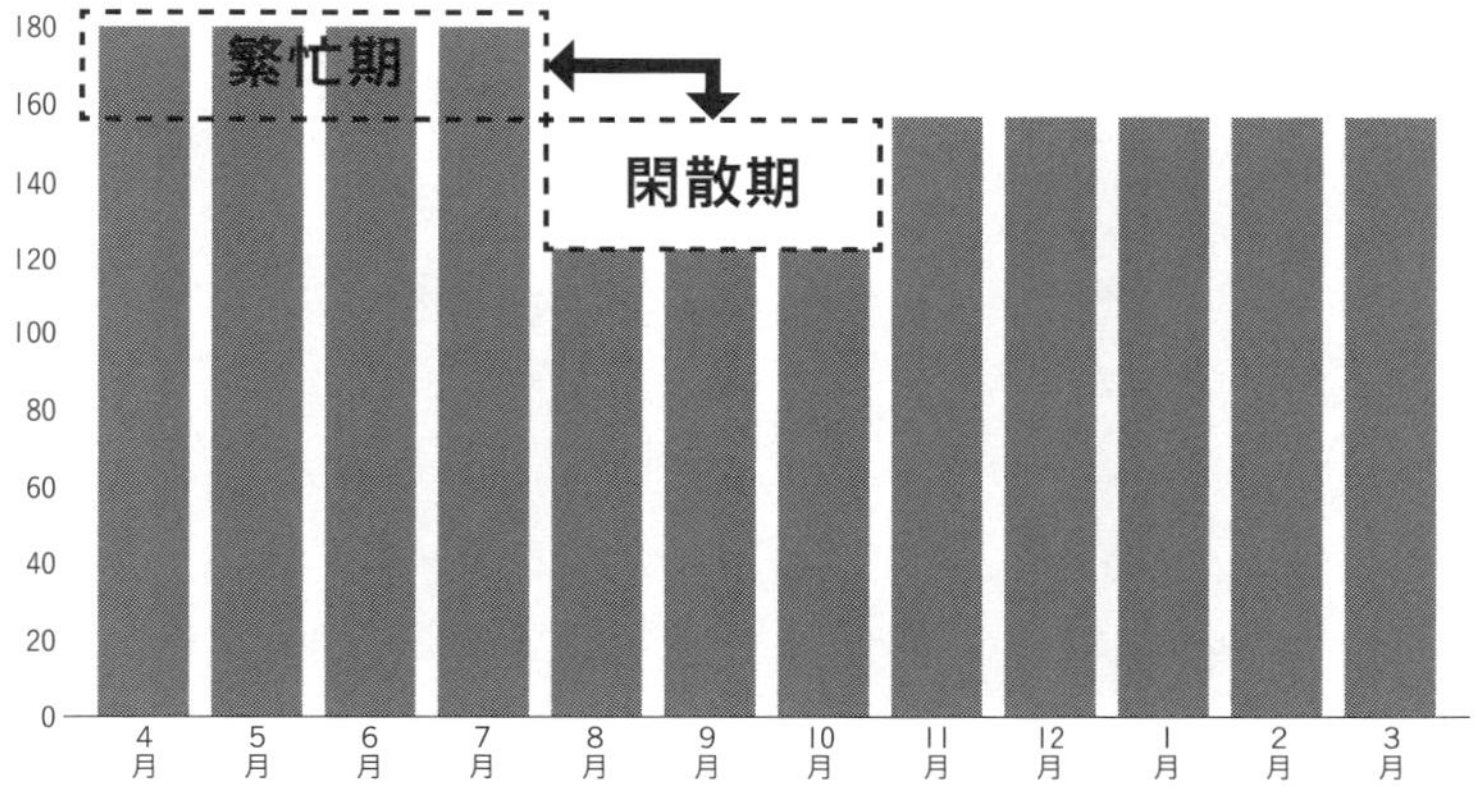

図表7-6 「一年単位の変形労働時間制」における繁忙期と閑散期（例）

は、夏休みなどの長期休業期間を「閑散期」とみなして休日を増やし、その分を学期中の「繁忙期」に付け替えるという方法である。

民間企業の場合には、労基法により残業代は時給換算で平日には一・二五倍以上の割増となる。それを閑散期から繁忙期への労働時間の付け替えという、割増なしの定時の賃金でやりくりしようというのが「一年単位の変形労働時間制」の方法である。その意味では、基本的に使用者側に都合のよい制度である。

公立校の教員には残業代こそ生じないものの、たしかに学期中に比べて授業のない長期休業期間は、相対的にゆとりがある。これまでの公立校教員の定時（休憩を除いて一日に七時間四五分）の原則を廃して、繁忙期と閑散期を区別したうえで一年間をとおして労働時間を調整しようとする新

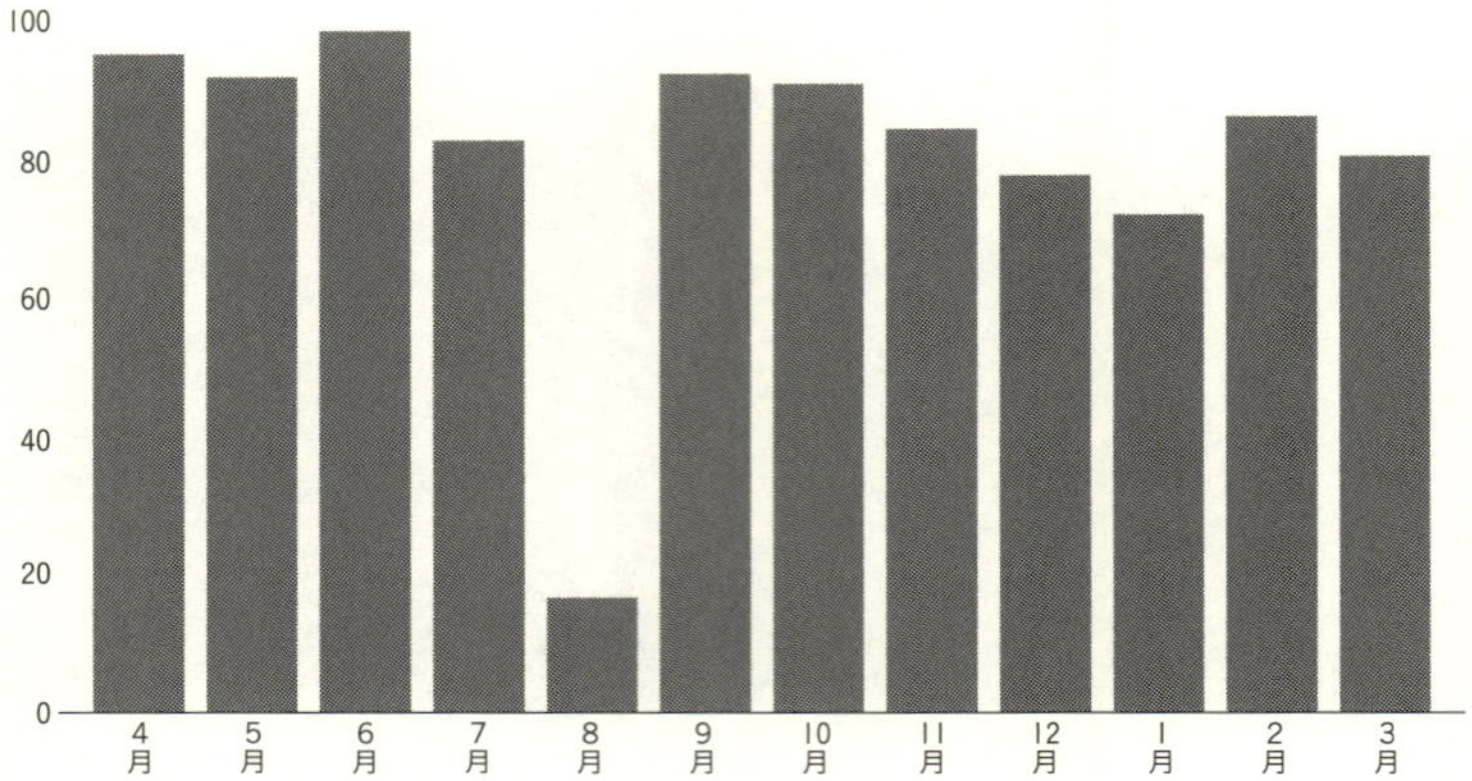

図表7-7　名古屋市立中学校の新任教員における月別の残業時間数

制度は、学校の働き方に適合的であるように見える。

一年単位の変形労働時間制において閑散期として想定されているのが、「夏休み」である。しかしながらそれは授業がないだけであって、教員はいつもと同じように勤務している。夏休みも部活動の指導が入っている。あるいは校外の研修に参加したり、家庭訪問に出かけたりと、授業期間中にはできない諸々の業務をこなしている。

このように、教員たちは八月の長期休業中もほとんど休めておらず、恒常的な時間外労働をしていることが明らかとなっている。そのため、変形労働時間制の導入は、教員の過重労働改善にはつながらないという多くの批判が教員などから寄せられることとなった。

結局、二〇二三年八月の時点で、条例を整備して変形労働時間制を導入している地方公共団体は全国で二割にも満たない。

実は、変形労働時間制の導入は公立校では進んでいない一方で、私立校では率先して導入されている。私立校はこの面でも先進地となっているわけだ。

私立校で進む変形労働時間制の導入

そもそも、以前から一般の民間企業において、変形労働時間制度は労働問題を噴出させている。たとえば、最近ではヤマト運輸が労働者の提訴された末、二〇二三年に変形労働時間制を廃止したり、二〇二二年にはマクドナルドが裁判所から変形労働時間制の運用が違法であると判断され未払い賃金の支払いを命じられる事件も報じられている。

一般的に、変形労働時間制の下では、変形一日八時間を超えて働いても残業代割増分が支払われなくなるため、収入が減少したり、長時間労働のシフトが短期間に集中することで、健康や生活に支障をきたしやすい。

また、変形労働時間制は仕組みが非常に複雑であり、労働者からは全体像を把握しづらいことから、賃金未払いが横行していたり、変形労働時間制が適用される条件が成立していなかったりと、使用者がこの制度を違法に運用しているケースも少なくない。これらの

1	月単位の変形労働時間制を導入している	41	10.2%
2	年単位の変形労働時間制を導入している	131	32.5%
3	変形労働時間制は導入していない	179	44.4%
4	検討中	40	9.9%
5	その他	12	3.0%
6	回答なし	0	0.0%
合　計		403	100.0%

図表7-8　教員の変形労働時間制導入

出典：「私立中学・高等学校教職員の勤務時間管理に関するアンケート調査結果」（2014年）

結果、変形労働時間制がむしろ長時間残業を促進する結果となっている職場も多いのが実情だ。

そしてやはり、私立校でも同様の問題が起こっている。

少し古いが、二〇一三年から二〇一四年に公益社団法人私学経営研究会がおこなった調査によれば、教員に「一年単位の変形労働時間制を導入している」私立中学校・高校の割合はすでに三二・五％と三校に一校ほどにも及んでいる。公立校よりもはるかに高い数値である。

また、同調査では、労基署から六・〇％が変形労働時間制に関する指導も受けていることがわかっている。そこまで高い数値でないとはいえ、違法な運用がなされている学校の存在も窺い知れる。

実際に、私学教員ユニオンには、変形労働時間制導入によって労働環境が変わらないどころか、むしろ悪化したという相談がいくつも寄せられているという。次のような事例だ。

A	部活動	16	13.7%
B	時間外補講	5	4.3%
C	引率	1	0.9%
D	健康管理	5	4.3%
E	三六協定	14	12.0%
F	時間管理	32	27.3%
G	時間外手当（割増賃金、特殊手当）	18	15.4%
H	変形労働時間制	7	6.0%
I	休日出勤	2	1.7%
J	就業規則の整備	3	2.6%
K	その他	4	3.4%
L	有るのみ	10	8.5%
合計		117	100.0%

図表7-9　労働基準監督署からの指導の内訳
出典：「私立中学・高等学校教職員の勤務時間管理に関するアンケート調査結果」（2014年）

事例①
変形労働時間制が導入されている職場で働いているが、夏休みなどに部活の大会の予定によって流動的に休日出勤がある。振替休日を取るよう学校からは言われているが、振替休日分取ろうとしても実際には取れない。週六出勤をしたうえに、日曜出勤もある。振替休日取れない代わりに、特別手当が出ると言われたが、実際には払われたことはない。

変形労働時間制では、厳格に年間のスケジュールを確定させ運用する必要があるが、部活の大会などにより、フレキシブルに休日出勤が生じ、長時間労働に陥っている。また、その分の残業代も払われていない事例である。この事例からは、教員に対し、変形労働時間を適法に導入することがそもそも困難であることがうかがえる。

事例②

五年ほど前から変形労働時間制導入と同時に、タイムカードがなくなった。自分で勤務表を付けるが、残業や休日出勤の記録を管理職が改ざんしてなかったことにされる。残業代も払われない。

こちらの事例では、変形労働時間制を導入することをきっかけにかえって労働時間管理をしなくなり、残業代不払いも生じてしまっている。時間管理制度が複雑になることで、かえって無法状態を問題化しにくくなる。これはすでにみた民間の典型的な労働問題である。以上のように、変形労働時間制によって、労働時間の短縮はできておらず、むしろ悪化している私立校のケースもみられているのだ。政府が導入を推奨する制度によって、むしろ状況が悪化しているという点で、これは政策としては「最悪」の結果であるといえよう。

教育はこれからどうなるのか？

本章では、ＩＣＴの導入や、教員と他の教育関連専門職などとの連携・分業、そして政府の働き方改革について紹介してきた。

どれも教師の働き方を根本的に改善し、ひいては教育の質を向上させる方向に必ずしも向かっているとは言えない現実がある。それどころか、テクノロジーの導入がかえって労働を苛酷化させたり、分業構造が劣悪な非正規教員を拡大する場合さえ見られる。

働き方改革にしても、政府は現在も変形労働時間制度の導入が教員の「働き方改革」の切り札だと考えているようだが、まったく現実が見えていないと言わざるをえないだろう。結局、「夏休みに休みが取れている」という建前から、ますます不払いの長時間労働が増加する可能性が高い。そのうえ、私立校や民間企業では違法、あるいは脱法的な労務管理を広げる要因にもなってしまっている。

政策の方向性について再考することが必要であることはいうまでもないが、より根本的には、教育現場を改革していくためにまずは私立校で適切に労働法を守らせることや、そのための教員たち自身による取り組みが求められているように思われる。この点については、第5章で教員による「労働法の使い方」を解説している。

第8章

教育のスペシャリスト×労働のスペシャリストによる特別対談

内田良×今野晴貴

聞き手：佐藤学（私学教員ユニオン）

二〇二四年四月一九日収録

労基署はこれまで何をしていたのか？

内田　最近になってようやく私立校に労基署が入ったという話を聞くようになりましたが、それはここ数年の動きなのでしょうか、それとも報道されるようになっただけなのでしょうか。もしここ数年の動きだとすれば、これまで労基署が入らない不文律のようなものがあったのでしょうか。

今野　私の認識でいうと、おそらくまったく入ってなかったわけじゃないんだろうけど、入っても無視されてた、ということなんだと思います。

内田　労基署が入っても学校が無視をしていたのでしょうか。

今野　はい。学校に限らず、労基署が入っても無視する会社は多いんですよ。労基署は法的には強い権限を持っているんですが、刑事的な手続きを本気で行使するのはすごく大変なんです。だから労基署が狙うのは、申告してきたものに対する監督と、あとは定期監督といって、見回りしている部分です。そもそも学校の先生が申告していなければ、申告監督は起こりません。

定期監督は全産業にいくはずなので、学校も入っていると思います。だけど、定期監督がどこを狙っているかというと、基本的にはコンプライアンスや報道を気にしそうな大企業です。まともな対応をしなそうな中小企業に行っても、すべてに刑事手続きなんてやったら大変なことになります。東京二三区の中に現場監督官は二〇〇人もいないので、それこそ監督官が残業、過労死になってしまう。だから社会的にインパクトがある会社を狙って行くわけです。

私立校も最近は注目されていて、監督強化してる可能性はもちろんあるんですけど、昔ゼロだったかっていうとそうではないと思うんです。やっても無視されていたんだろうなと。

内田　無視してもほぼ何も起きずに過ぎていくってことですか。是正勧告するだけで、何事もなかったかのように済んでしまうのですか。

今野　済みます。先ほどもいいましたが、そもそも刑事的な手続きをとるのが大変なので、めったにやりません。たとえば、残業代の不払いでいうと、これは厳密には刑事犯罪です。なので労基署は違反者に対して家宅捜索をしたり逮捕したりできます。ところが、死亡事故などの労働災害に比べて、「残業代不払い」での立件は非常にまれでした。この状況を変えたのは、二〇〇三年の事件です。当時監督署の署長を勤めていた森口博子さんが『労基署がやってきた！』（宝島新書、二〇一七年）でそのあたりを詳しく書いています。彼女が本当にたくさんの苦労をして刑事的な立件の実例をつくり、その後少しずつ立件数が増えているという流れにあります。

それでも、これだけ残業不払いが蔓延しても、逮捕までいくのはいまでも年に数件です。勧告を無視している会社は山ほどあります。改善点といえば、この間私たちがずっと取り組んできた「ブラック企業」対策の文脈で、二〇一五年からは企業名が公表できるようになりました。繰り返しの是正勧告に従わない企業の名前を公表する法律が新たにできたんですね。逆に言うと、それまでは何回是正勧告が出ていても公表されないこともありました。

これは法律でよくあるジレンマなんですけど、強力な規制であればあるほど使いにくいんですよね。だから最近では、最初から「ソフトロー（刑罰なしの行政勧告など）」だけのほうがいいんだ、労基署をなくそうという暴論を言う経済学者もいます。私は、背後に強制力があるからこそ行政指導の効果が確保されていると思うので、ソフトロー主義者の主張は見当違いだと思っています。ただ、そういう議論が出てくるぐらい刑罰は課しにくい。その結果、「無視しても大丈夫です」とアドバイスする社会保険労務士も後を絶たないほどです。そうした労基法軽視の風潮が特に強かったのが私学業界なのでしょう。「教育に労基法は関係ない」といった観念が学校にも教員にも強かったことも影響していそうです。

結局、労働法の「効果」は、法律を使う労働者がどれだけそれを活用するかにかかっています。あるいは世論がそれにどれだけ注目するかですね。私立校で労基法違反がいまになってこれだけ大きな問題になった理由を一言で言えば、それを許さない学校の先生が出てきたこと。そしてそれを受け止める世論が出てきたこと、これに尽きると思います。

内田　そうなんですね。労基署が私立校を避けてたわけじゃないんですね。

今野　彼らは国家公務員であり警察なので、特定の業種を避けたりはしないはずですよ。もしそんなことをしていたら、それこそ大問題です。

労基署を動かすには？

内田　ちなみに申告すると、すぐに来てくれるんですかね。

今野　来ないです。全然来ない。

内田　えっ、全然来ない？

今野　物理的に、そう簡単には来られないですよ。さっきも言ったように東京二三区で動けるのが二〇〇人いないんですよ。そうすると、扱う事件がふるいにかけられてしまうんですね。生活保護の水際作戦と似ているんですけど、そもそも労基署の監督官にたどり着くのが大変なんです。

労基署に行くとまず総合相談窓口というのがあるのですけど、窓口の人が監督官かなと思って話していると実はみんなバイトなんです。その人たちが追い返すケースが多くて。私たちのところに来てる相談の大半は、労基署にすでに行っているんですよ。そこで監督官にたどり着くこともできずに、うちに来ているんです。窓口の担当者は社会保険労務士や人事経験者などですが、企業の人事経験者のなかには「権利を主張してもあなたのためにならない」「権利を行使するのは会社に迷惑だ」などと、違法企業の味方をして追い返しているケースも頻繁に見られます。

監督官を動かすには、「私は申告しに来ました」とはっきり宣言するのがまず大前提です。それで監督官に会えたとしても、監督官の基本の対応は「まずは自分で直接請求行為をしてください」になるんです。加えて、申告をするためには実名を明らかにしなければなりません。そうでなければ「情報提供」として扱われてしまいます。もちろん、それもまったく無意味ではなく、定期監督の参考にはしてもらえますが、実際に効果があるかはわかりません。

だから、①監督官が納得するくらいの証拠をまず作って、②粘って粘れる人。さらに、会社に自分の身元がばれてもいい、という③実名での申告を辞さないこと。この三つをクリアできたときに初めて、行政が動く可能性が出てくる。

内田　一人だけで進めようとすると、本当に大変そう。だから組合の力が必要なんですね。

今野　申立の書類を作って、具体的にどこが法律違反なのかを指摘するなどの準備は本当に大変です。私たちのようなＮＰＯや、労働組合のサポートなしに個人で動かすのは難しい。もし超有名企業で、たとえばトヨタのような大企業で、複数の在職者が集団で実名を出して申告します、と言えば労基署も動いてくるでしょう。でも私立校の先生が一人で来ても、総合相談窓口で「ちゃんとまず上司と話し合って」と追い返されておしまいです。

内田　この話は非常に重要です。ただ、組合の強い力を先生たちは知らないと思います。

今野　普通は知らないですよね。私たちはもう二〇年やっていますから、「権利は行使しないと実現しない」のほうが常識です。こうして教育のプロと、労働問題のプロが話すことで、どこに社会の認識のミスマッチがあるのかが見えてきますね。

内田　私も何回か先生方に紹介したことがあるんですよ。私学教員ユニオンをご存知ですか？　と。みなさん知らないので、とりあえずここに電話してみたら、みたいな感じで。

法律を「使う」ことで変わる社会

今野　これは、要するに法律と現実社会のギャップの話ですよね。道路交通法とかもそうじゃないですか。刑罰があっても昔は飲酒運転を普通にしていたみたいな話もありますし。そういう法律と現実社会のギャップを埋めていくのが市民社会の実践です。

一般的には、法律ができたから社会が良くなっていくと考えられがちなんですけど、そもそも法律を使うのは難しいし、個人が主体になるのはさらに大変です。

私が以前書いた本（『日本の「労働」はなぜ違法はまかり通るのか？』星海社、二〇一三年）で強調しているのですが、法律で定められている権利もそれを行使しないと、そもそも権利として現れてきません。また、権利行使はそれぞれ個別的なもの、つまり自分の権利の話なんですけど、それを使い続けていくと、社会的な権利が成立してくる。

まず使うこと。そして使うことで社会を変えること、これは連続してるんです。まさに私立校の事例がそうだと思います。ある先生が権利を使うことで、別の学校の先生へも権利行使の可能性が見えてくる。そして実際に行動に移す。これが連鎖することでやっと当たり前に法律が機能し始めるということです。

内田　関西大学の理事長が、残業代を支払わないのが違法だなんて、青天の霹靂だったと書いてましたよね。教員からしても、たしかに残業代をもらえないのは当たり前だったわけです。そこで急に、私立の場合違法だと言われて青天の霹靂だと。本当にそうだろうと思います。法律が機能し始める前から違法だったんですけどね。

今野　加えて、もし万が一労基署が見逃したとしても、裁判を起こせばよいわけです。行政の判断である労基署と裁判所では、当然裁判所の判断が権限が上なんです。なので、労基署が動かないんだったら裁判で判例を作ると、労基署も無視できなくなる。

そういう意味で裁判も大事です。多くの事件はやれば勝てたはずなので、昔からたくさん裁判を起こしていれば、もっと早く進展した可能性もあります。

内田　法律を使うことで機能し始めるっていうのはその通りだと思います。そのうえで給特法についてやや込み入った話をしますね。給特法も、あと労基法もそうかもしれないんですけど、基本的には残業を前提としてないんですよね。給特法は建前では、超勤四項目（第1章参照）を除いて、教員に時間外労働を命じることはできないとされています。残業手当はないことになっていて、三六協定もないわけです。それを使って個人的に闘う人たちがいるんですよ。つまり、給特法に残業できないと書いてあるでしょ。だから私は帰りますみたいな。

たしかに個人と学校の間ではその理屈で乗り切れるかもしれませんし、公立校の一部には、給特法は残業を拒否できる素晴らしい法律だという論法の人たちもいます。けれど、裁判で残業代が不払いだと提訴すると、原告の教員側が負けるんですよ。まさに、二〇一八年九月にさいたま地裁に提訴した田中まさおさん（仮名）のケースでは、残業代の請求については地裁から最高裁まで一蹴されてしまいました。だから、やはり給特法を変えなければならないと、私は考えます。

今野　やはり公務員は難しいですよね、いろんな面で不利に制度が設計されています。

内田　公務員でも不利なんですね。地方公務員は、一応残業は命令されるんでしょう。それでもやっぱり不利なんでしょうか。

今野　私も公務員の事件にかかわったことはほとんどないのですが、公務員労組の人からは残業代の不払いで交渉してもなかなか解決しないと聞きます。民間であれば証拠を団体交渉で突き付ければ多くが解決します。それでだめな時はストライキや裁判とやっていけるのですが、公務員は団交の段階で「そもそも残業は認めていない。だからしていたとは認めない」と取り合わないことが多いようです。やはり、ストライキの権利が認められていないのは大きいですね。

個人の闘い、裁判での闘い

今野　教員で特に差を感じるのは、労働災害です。過労死の場合の法的な体系が全然違っていて、民間よりずっと大変です。先生の過労死の場合、民間とちがって校長の裁量が異様に大きくて、校長がもみ消そうとすると申請すらできません。給特法についてはたしかに、個人で帰ることもできうるのかもしれませんが、現状ではそういうやり方は使いにくいでしょうね。実際それで働かされてる人たちが大量にいるわけですから。

内田　給特法で個人的に闘える教員は、やっぱり強い個人なんですよ。でも普通はみんな弱いでしょう。労基法って、私の印象では、弱い人を守るための法律のように思うんです。労働者個人では使用者側と闘いにくいからこそ、法律がその弱い個人を支えてくれる。でも給特法はそうじゃないんですよね。

今野　それは正しいと思います。すこし労働法の原則について説明させてください。まず、私たちが暮らす「市民社会」では、人々は「対等」であることが原則です。あらゆる市民が対等平等に、契約自由の原則のもとで取引をするというのが市民社会の原則ですが、それだけだと絶対に不利になってしまう人たちがいて、典型的なのが労働者です。その対等・平等が原則の市民法（民法）を修正するというのが労働法の趣旨なんです。これは労働法の教科書の最初に書いてある話です。労働法では、フィクションとしての市民法（民法）を修正するという言い方をしたりもします。つまり、対等・平等が建前になっているのが市民社会で、ところが市民社会の建前はフィクションだから、その「フィクションとしての対等・平等」を、本当に実質的な対等・平等に変えるための法律が労働法だということです。

内田　この辺りの話はすごく興味深いです。ずっと気がかりだったんですよ。「定時で帰ることができるから給特法こそが労働者のための法律」との見解のつづきは、仮に給特法が廃止されて「全面的に労基法に移行したら、残業命令されるから困る」と展開します。そこに違和感があったということで。ご説明いただいてよくわかりました。

今野　やっぱり残業命令できないような仕組みを確保しないと駄目ですよね。いま言ったように、労働法では形式ではなく、実質性の確保を非常に重視します。建前で帰れますというのは実質性が確保されないので、全然意味がないですね。

ただ、ここで注意しなければならないことは、労基法が全面適用されている状態でもその権利を使わなければやはり実現しないということです。その意味では、労基法で残業代を請求するのも、現在の制度の下で部活指導などの残業を拒否するのも実践的には「同じ」だといえます。果たしてどちらの制度のほうが権利を行使しやすいのか。これはちょっと判断できないところです。結局、権利が制限されているとはいえ公務員の場合にも、民間と同じように労働組合こそが労働法の「実質」を確保するための組織なのだから、そこがもっと頑張るしかありません。

私立校と公立校のギャップ

今野　私立校の教員たちの労働運動が広がり、それによって労働環境が改善していけば、公立校の教員も権利を行使しやすくなっていくと思います。私立校が改善されているのに、公立校が放置されているのはおかしいという世論も形成されるでしょう。

内田　やってることは同じですもんね。仕事は変わらないのに、待遇だけ全部違うっていうのは……。

今野　近年民営化されてきた部門では、普通は公務員のほうがよくて、民営化されたところが劣悪です。保育が典型です。そう考えると教員はちょっと特殊ですね。

内田　素朴に知りたいんですけど、保育業界はどんな感じなんですか？

今野　大きな格差があります。私立校の内部での格差もあるので、平均すると一見大きな違いには見えませんが、特に地方ではかなりの格差があると思います。しかも公務員は終身雇用ですし。非正規同士でも、保育では公務のほうが待遇がいいと言われています。

内田　それはたしかに学校業界では聞いたことないですね。この数年で、むしろ私立校のほうがいいんじゃないかと言い始める人は出てきています。私立はピンキリなので現時点では危ういけれども、待遇の良い私立校があったり、まさに今変わりつつあるということで、私立校に行こうかって話はありますよ。

ちなみに、私立校が組合や皆さんの力で動いたケースはあるにしても、実際に待遇が改善された私立校というのはあるんですか？

佐藤　それはいくつもあります。

内田　というのも、そういう私立校ってまさに青天の霹靂で残業代を払わなきゃいけなくなったわけですよね。そういうときどこからお金を持ってきているんだろうと思って。

佐藤　ケースバイケースですけど、私立校の場合、財務諸表の開示をやると行政から出てくるんですね。なんだかんだ言って、人件費のところは国からの私学助成金もありますし、それなりの基盤となるような費用は国や自治体から出ています。それを人件費に回さないで、役員報酬に回していたりとか……。その辺りは私学自治、裁量って言われますけど。もちろん教員や生徒の教育環境に振り分ける学校もありますが、自分たちの私腹を肥やすこともできてしまう。

内田　部活動にお金をかけたり、そこに大応援団を同行させたり。

佐藤　僕らがいま団体交渉をやっている学校には、それこそ広告宣伝費が億単位になっている学校もあります。中はスカスカなんですけど、見栄えだけ良くして人を集めて経営していたり。労働者自身がどういうかたちで学校運営させていくか、労組を経由して介入していけるっていう感じですね。

内田　いろんなところにお金を使っているから、経営で調整のしようがあるわけですね。

佐藤　はい。けっこう面白いですよ。いろんな学校の財務諸表を開示して比較すると、学校の傾向は見えてきます。本当に儲け第一だなというところもあれば、実際に経営が厳しい学校もある。それぞれ状況は違いますが、社会の流れとして高校は無償化して私立校を生かす方向なので、公立校はどんどん減っている一方、私立校はあまり潰れていないんです。

私学はいろいろやりようがある分、逆に良い私立校を作れる可能性もあります。学校内の交渉で、予算の割り振りなんかはスピーディーに決められるので。

内田　それで本当に私立校が変わっていったら、さっきの保育所とは逆の話が広く認識されるかもしれないですね。

裁判で負ける点でいうと、給特法が制定された一九七一年以前は、まさに組合が頑張って残業代訴訟をして、労働者側が勝ってきたんですよね。勝って、また大きな判決が出るぞっていう前に、ギリギリで給特法が制定されました。だから給特法がない時代は、国や自治体側が負けていた。やっぱり最後に裁判で負けるか勝つかという観点から、給特法の存廃を考えるべきだと私は思います。

「聖職者」のあり方と戦後日本の労働運動

今野　給特法は、これまで内田さんが各所で強調されてきたような、「学校として必要なことはやるが予算は問題になったことがない」という構図と密接に関わっていると思います。このことはまた、教師が法的権利を行使してこなかったことにも深くかかわっているのではないでしょうか。つまり、「教師はとりあえず何でもやるものなんだ」という前提があったのだと思います。

そこで私から内田さんへの質問なのですが、こうした教師の「何でもやる」体質は、いつぐらいからの話で、最近ではどう変わってきつつあるのでしょうか。

内田　いわゆる「聖職者」のような考え方ですね。現場では「献身的な教師」の姿が理想視されてきました。一方で現場で長らく言われてきた、あってはならない教師像がありまして、それが「サラリーマン教師」なんです。お金や時間を気にして働くような姿を指します。サラリーマンも現実にはさんざん搾取されてきましたが、理想像としては、教師は献身的であるべきで、サラリーマン教師なんかになっちゃいけないと。

お金や時間で決められた働き方を見下して、お金や時間に関係なく子供に情熱を注ぎ続ける。聖職者としての教師像と、給特法の定額働かせ放題の仕組みが、共犯関係のようなかたちで長時間労働を生み出してきました。

労働者だったら、やっぱり給特法はおかしいっていう考えに向かうでしょうけど、聖職者だからなかなかそうはならなかった。しかもかつては社会的な立場が高く、生徒を殴っても正当化されていたし、それが保護者から感謝されることもあった。加えて、当時はいまほど長時間労働じゃなかったんですよね。

だから、聖職者でなんとか保ってたんですよ。でもこれだけ長時間労働になり、さらには保護者からのいろんな要望、地域からの要望が来たときに、なかなかノーと言えない、弱い立場になって、いよいよ限界がきたんだろうな、と考えています。

今野　限界まで来たことによっていままでの問題に気づかざるをえなくなった、ということでしょうか。

内田　労働状況が厳しくなってきたところにＳＮＳ、Ｘ（旧Twitter）が入って、一気に崩壊したんだと思います。ＳＮＳで先生たちがしんどいと言うようになって……。言い換えると、現場では言えなかったんですよね。現場だったら、「あんた何のために教師になったの？」「部活指導したくないんだったら小学校行ったら？」と言われ、教師失格のレッテルを貼られるわけです。でもX上では、「私も」「私も」みたいに盛り上がっていったっていう。Xがなかったらどうなっていたんだろうな。

今野　大変興味深くお聞きしました。サラリーマンは結局お金に支配されていて、自分たちはそうではないという、ある種、資本主義的な価値観から距離をとるところがあったんだろうと思います。その結果生じたのが過労死や教育崩壊なので礼賛はできませんが、ただ、原点の志は、市場やお金から距離を取る態度だったということですね。

実は日本の労働運動が、戦後初期それに近いことを言っていたんですよ。仕事に見合った賃金ではなくて、人間として扱えという要求が労働者たちから出されました。たとえば、いまでは無期雇用なら誰にでも「社員」という言い方をしますが、もともと法律上は、社員というのは会社の役員などトップ層のことを指しました。戦後の労使紛争を経て、その他大勢の末端のブルーカラーの労働者まで全員を社員と呼ぶようになったんですね。こういうことを要求していたのは先進国で日本だけです。つまり差別しないでほしい、身分差別をせず、どんなに末端の泥臭い仕事をしてる人でも会社の一員として扱ってほしい、というのが実は戦後労働運動の一番強い要求の一つだった。これが諸外国と全然違う労使関係をつくったといわれています。

普通、労働組合が言うことって職種ごとの賃金の上昇なのに、日本ではもっと会社の中で人間として扱ってほしい、と強く要求していた。欧米の運動はある面でもっと冷めているんですよ。どうせ俺たちはブルーカラーだし、とりあえず苦労している分の金をくれよと。ただし、欧米の労働者はその分、会社や社会に対する明確な権利意識があります。対抗心と権利意識は結びついているのですね。

これに対し、日本で何が起こったかというと、無限に残業を受け入れてしまったということです。会社の中で人間らしく扱うという話が、会社のために無限に尽くすのが当たり前、という状況につながっていった。資本主義から距離を取ろうと思って会社の中での人間性要求をおこなった先が、逆に組織に飼いならされて、気づいたらとことん従属させられてしまった。学校の場合も、「教員」としての権利意識が、いつのまにか「学校組織」への従属へとすり替わったのではないでしょうか。とはいえ世界的に見れば、教師のような職種別の労働運動はもっと抵抗力がありますから、日本社会全体の会社・組織への従属文化の影響が強いのでしょうね。

内田　給特法は第一条で「公立の義務教育諸学校等の教育職員の職務と勤務態様の特殊性に基づき、その給与その他の勤務条件について特例を定める」と記されています。私が思うに、給特法が存続する理由があるとすれば、その「特殊性」くらいしかないでしょう。労基法もあるのはなぜ給特法なのかといったら、教員の特殊性に関連づけられているからであって、文科省もその点を強調します。そこには残業代の予算がないがゆえに、特殊性にしがみついて給特法を守ろうといった意図もある。一方で、教育関係者の中には、教師はサラリーマンとは違って特殊なんだというところに本気でコミットする人たちもいます。

四〇年ぶりに見えた実態

今野　かつては今ほどの長時間労働ではなかったという話がありましたが、労働時間の増加にはどういう背景があるのでしょうか。

内田　実は、増加しているかどうかもわかってなかったんです。一九六六年に文部省（当時）が教員の勤務調査を実施しました。そこで月に八時間くらい残業していたので、それが教職調整額の「四％」の根拠とされました。そして給特法が一九七一年に制定されて以降、じつは教員の勤務調査は四〇年間にわたって実施されていません。これは文科省が、教員の勤務時間のことを忘れ去ってしまったことの象徴だと、私は思っています。

時間意識、コスト意識が、給特法によって吹っ飛んでしまった。二〇〇六年になって四〇年ぶりに勤務調査をおこなったところ、長時間労働の実態が見えてきた。ただそのときも、教員の長時間労働というよりは、教員の給与にメリハリをつけようという教員評価の観点が強かったんです。評価をするのであれば、まずは勤務実態を調べようということで、教員調査をした側面が強いですね。そこで長時間労働の実態が浮かび上がってきて、一〇年後の二〇一六年にもう一度調査したらさらにひどくなっていて、それでようやく火がつきました。

先ほどの話で、実は労基署が入っていたんだけれども、水面下で全部片付けられていたという話もそうですが、見えないとそもそも何が起きてるかわからない。だからやはり、見えていない状況というのは、恐ろしいことだなと思います。

今野　教師たちはとにかく組織を維持するため、仕事を維持するために、自分を全部投入してきたわけじゃないですか。外に逃げ道がない、外に助けを求めないってことになってたと思うんですね。ここで二つ論点があって、一つははっきりしてると思うんですけど、外に出るとなったときに、教員の場合、政策要求という方向に行かなければなりません。つまり、聖職者だからこそ、それを守るためには予算的裏付けが必要で、だからもっと徹底的に政策要求をしていくべきです。もう一つは、抱え込むのではなく、もっと他の専門家と分業していくという考え方が必要です。

教師の専門性と部活

内田 それこそ、学校の不文律として、警察を呼ばないって話があります。言い換えれば、どんな厄介事も先生が教師の力で解決していく、聖職者魂、金八先生魂みたいな。だからそれこそ、生徒から教師への暴力があっても、教師は被害届を出さないのが基本です。被害届を出したら、あなたは教師の力でそれを解決せずに、警察の力を借りるのですか、と言われてしまう。ある意味、子供を警察に売りつけるような話にも聞こえてしまうわけです。

かつてＮＨＫクローズアップ現代が、対教師暴力の問題を取り上げたことがありました。小学生の子供におもちゃのバットで頭を殴られて、耳が聞こえにくくなっているという女性の先生が、顔を隠して出演していました。私もゲストで出演しました。中継で、どこかの学校の校長先生が、「警察を呼んだら学校の負け、教師の負け」と言ったんです。スタジオには、暴行されて苦しんでいる先生がいるなかで、学校の負け、教師の負けと発言できてしまう。教師の痛みは、いったいだれが理解してくれるのだろうと、絶望感を抱きました。

さすがに国も現状がまずいことはわかっていて、文科省の国立教育政策研究所が二〇一三年に発行した「学校と警察等との連携」というリーフレットには、警察を呼べと書いてあるんですね。現場では「警察の介入を求めることを「教育の放棄」と受け止める考え方が根強い〔略〕そのため、学校だけではもはや対処できない事態に陥りながら抱え込みを続け、更に悪化させてしまう事例も見受けられます」と。私は、生徒に対して厳罰化しろと言いたいわけではなくて、教師にはできることとできないことがあります。教師はまずは教科の専門家で、授業の専門家なんですよね。それ以外のことは外部に委ねなければいけない時代にいまきているということだと思います。

今野　この本の後半の章でも取り扱っていますけれども、どんな連携の仕方というのが、現実的に日本の中で可能なのでしょうか。これは私立・公立共通して、どんなイメージでしょうか。

内田　わかりやすいのは「部活動の地域展開」です。公立中学校を中心に、学校が担ってきた部活動を、地域社会での活動に移行しようというものです。制度上は学校は必ずしも部活動の指導は担わなくてもよい。授業をちゃんとやればよいのであって、学校が部活動まで指導する必要性はない。ということで、二〇一九年中教審の働き方改革答申あたりから、文科省は部活動を学校から本気で切り離したいとの方針が、明確に見えてきました。

一方で、部活動を当たり前のこととしてやってきた、部活動で子供と絆をつくってきた文化があって、部活動をやりたくて教員になった人たちもたくさんいる。現場は部活動離れまでは進んでいない。そういうなかでいま地域展開が始まっています。ただ、公立校の地域展開というのは理論上正しいし、私立校もそうすればよいのでしょうが、実際に強豪の部活動を持っている私立校が、しかもいままでタダ働きで回っていた部活動を正直どうするんだろうなとは思いますね。

今野　海外だとスポーツは学校の部活動よりも、地域とのつながりがあるようです。

内田　最初からそうだったらよかったんだろうけど。それも予算をつけていく、人を集めていくということを、各自治体がやってはいますよね。でもまだ土日止まりです。

今野　先進的な事例とかあるんですか？

内田　いろいろありますよ。ただ、そもそも先進事例と呼ばれるものは新規事業としてやっているものが多いんです。文科省から補助を得て回っている。補助期間が終わったときどうなるのかというところが不透明なんですよね。極端に言うと、民間スポーツクラブがある自治体では、受け皿はあるから、ある程度そっちに移行することはできます。ただそれは格差にも繋がりますよね。要は、貧困家庭の子供は放課後にスポーツも文化活動もできないということになりかねない。しかし、私立校は部活動を手放すという方向に向かっているのでしょうか？

佐藤　いま団体交渉をしている学校では全国レベルの野球部やサッカーがある学校は、やっぱり手放すという感じにはならないですね。生徒募集とも繋がるので。そして公立校との不平等感がありますよね。大会でも圧倒的に私立校が強いです。

内田　いま夏の甲子園大会の出場校は、ほぼ私立校です。インターハイの各種競技種目でも、私立校の割合が高まっているようです。だから、たとえば私立と公立で大会を別のものにするなど、ガチで全国レベルを目指す学校と、そうではない学校とを切り分けたほうがよいと思います。くわえて、全国大会が必要なのかということも問うていくべきでしょう。

教師はどう変わっていくか

内田　部活動を含め学校の業務については、いまやっと時間管理が始まったところです。労働時間と賃金が連動しないので、定額働かせ放題のなかで管理職側がどこまで切迫感をもって時間管理できるのか。そのあたりの不安はとても大きいですが、それでもやっと少しずつ、現場が変わってきているようです。

わかりやすい例で言うと、学校の留守番電話。いまでも、保護者に電話連絡するために、保護者が仕事を終えて帰宅する夜八時まで、教員が学校で待っているといった事例があります。そこで、夕方六時以降は留守番電話の設定にするとか、教育委員会が電話を受けるとか、そういう取り組みが広がっています。

これは公立も私立も一緒ですけど、保護者は、夜遅くても教員は対応してくれるもんだと思っていて、夕方五時頃に閉まる市役所のようには学校を見ていないですよね。その意味では、学校の働き方改革を遂行していくために、保護者の理解を得ることが必須です。留守電も、学校としては躊躇してたんですよね。そんなことをしようものなら、保護者からどれだけ不平不満が届くことか、トラブルがかえって増えてしまうのではないか、と危惧されていた。でも文科省も推奨しているしということでいざやってみたら、丸く収まるんですよね。保護者も何かあれば、留守電に切り替わる前の時間帯、あるいは翌日に電話してくるものです。意外となんとかなるというのが、私が見聞きする現場の実情です。でも往々にして、学校は保護者にはビビってしまっている。保護者も教員も、同じ労働者という立場から、学校が膨大な業務を背負ってしまっている「学校依存社会」のあり方を見直していくべきでしょう。

今野　そろそろ残り時間も少なくなってきているので、まとめに入っていこうと思います。教師という仕事はどうやったら魅力的になるかをお聞きしたいですね。

内田　成り手不足を解消すること。まずは残業代をお金とリンクさせて、長時間労働を抑制することが大事だと思います。

今野　聖職者ではなくなりつつあるかもしれませんが、教師の根本の思いが変わったわけではないはずです。やっぱり教師たちがやりたいことをやりやすい環境にしていくこと。組織でどう分業して、自分たちだけで何とかしようと思わないように仕組みをつくっていくことが、結局はより専門性をより高めることじゃないですか。それこそ精神的ケアだったら精神的ケアの専門家に頼む。そういう分業構造をつくることが、教師にとっても、教育内容も充実する方向なのかなと思います。

そこに向かっていくためには、遠いようでいて、残業代請求とか、三六協定の阻止とか、私学の一つ一つの取り組みが社会的に重要だと思います。まず改革する機運や圧力ですよね。個々の権利行使が社会変革に繋がっているんだということは強く言っておきたいです。

内田　いまの教師は、やりがいもあるけど、あの環境はひどいということで教職が敬遠されています。でも長時間労働を解決するための成果が一歩一歩進めば、やりがいはちゃんと残るはずです。ひどい面を消していくのが闘いであって、これまでも公立校しかり、組合もしかり、闘って、何とかマイナス面を削っていった。マイナス面を削っていけば、プラスが残って、すごく魅力のある仕事になっていくんじゃないかと思います。

おわりに　今野晴貴

公立・私立の教員たちは現在も多くの労働問題を抱え、日々格闘している。教員の労働問題は非常に根深く、これだけ長く問題になっているにもかかわらず、長時間労働や精神疾患による休職・退職には歯止めがかかっていない。そうしたなかで、ICT化や変形労働時間制の導入など、新しい問題も噴出し続けている。

複雑化する状況のなかで何が問われているのか。本書では【労働】と【教育】という専門領域を異にする著者二人が力を合わせ、可能な限り網羅的に示してきたつもりだ。

教員の労働問題が改善されていかなければ、教育を受ける生徒たちに対しても大きな不利益を与えてしまうことになる。この問題を解決していくことは、私たち日本社会の全員にとって重要な課題である。

特に本書で指摘したかったことは、公立に準拠するかたちでさまざまな労働問題が発生してきた私立校では、労働法を活用する教員たちの労働運動によって状況が多少なりとも改善してきているということだ。彼らの経験からは、労働問題を解決していくためには現場の取り組みが何よりも大切だということがわかる。

本書の執筆作業のなかでは、これら教員たちの実践例にもとづき、教員の労働環境の改善はいかにして可能なのかを示そうと模索し続けた。そうした思いから「法律の活用法」についても手厚い解説をおこなったが、著者としては非常に実践的かつ有用な提示ができたのではないかと考えている。

これだけ実践的な「闘うノウハウ」を提示できたのは、私学教員ユニオンを組織する佐藤学さんをはじめ、多くの私立校教員の方々の助力があってこそだ。これまで積み重ねられてきた知恵と工夫と努力のおかげで、私たちは「こういう闘い方ができる」という希望を手にすることができた。お忙しいなか実例を証言してくださった教員の皆様にはこの場を借りて心からの感謝の意を表したい。

私立校でもまだまだ改善されていない学校が全国にある。そして、公立校はますます人員不足におちいり、困難が増大しているとさえ言えるだろう。

問題を感じながらも「どうしたらいいかわからない」と日々葛藤を抱えながら教えている教員たちは公立・私立を問わず、全国にあふれているのではないだろうか。

教員たちがやりがいをもって働くことができる社会をつくるために、そして何よりも生徒たちの教育を受ける権利が保障されていくために、本書が役立つことを願っている。

最後になるが、本書は二〇一八年、教員の労働問題が急速に認知され始めたころ、最初の企画がスタートした。その後、著者二人の多忙もありなかなか執筆が進まなかったところ、堀之内出版の野村玲央さんが企画を引き継いでくださったことで何とか出版までこぎつけることができた。氏の尽力がなければ本書が形になることはなかっただろう。この場を借りて厚く御礼を申し上げたい。

今野晴貴
こんの はるき

1983年生まれ。一橋大学大学院社会学研究科博士後期課程修了。博士（社会学）。専門は労働社会学、労使関係論。駒澤大学経済学部等大学非常勤講師、北海道大学大学院公共政策研究センター上席研究員。NPO法人POSSEと連携し、労働問題の調査研究、政策提言などに携わる。2013年、大佛次郎論壇賞及び流行語大賞トップ10を受賞。『賃労働の系譜学――フォーディズムからデジタル封建制へ』（青土社）、『ブラック企業』（文春新書）、『生活保護』（ちくま新書）等著書多数。

内田良
うちだ りょう

名古屋大学大学院教育発達科学研究科教授。博士（教育学）。教育の専門家として、教育現場でのスポーツ事故やいじめ、不登校、校則のほか、教員の部活動負担や長時間労働などの「学校リスク」について広く情報を発信している。『ブラック校則』『ブラック部活動』（東洋館出版社）、『部活動の社会学――学校の文化・教師の働き方』（岩波書店）など著書多数。

POSSE叢書　Vol.005

教育現場における「定額働かせ放題」の終焉
――生徒と教師を救う実践と構造認識

2025年3月31日　第一刷発行

［発 行］　株式会社 堀之内出版
〒192-0355　東京都八王子市堀之内3-10-12　フォーリア23　206号室
TEL：042-670-5063　FAX：042-680-9319

［印刷製本］　中央精版印刷株式会社
［ブックデザイン］　末吉亮（図工ファイブ）
［カバーイラスト］　上坂元 均

ISBN978-4-911288-16-0